90年代ディスクガイド
USオルタナティヴ／インディ・ロック編

90'S DISC GUIDE
US Alternative / Indie Rock Edition

カバー・本文写真＝塩田正幸

Contents

前書き

　この本はいくつかの部分からできている。「US」「オルタナティヴ」「インディ」そして「90年代」——それらをwikiで検索すれば、たちどころに意味や定義や関連〜参照項目があらわれるが、しかしその総体となるとどうだろうか。あるひとにとってオルタナティヴとは思考の態度のようなものであり、別の誰かにとっては主流派とは一風変わった味わいのロックなのかもしれない。一方インディペンデントの略称であるインディであっても、当初は大手レコード会社から独立した音楽レーベル一般を指していたが、しだいにそれらのレーベルが手がける、手がけそうな音楽一般にあてはめる例が増えていった。とにもかくにも言葉は生き物であるということだが、どのような言葉であってもそこには語源があれば、たどってきた時間の厚みもある。

「US Alternative / Indie」の源流へ遡ると80年代初頭にたどりつく。むろん起点は70年末を席巻したパンクである。大西洋を挟んだむこうの英国のセックス・ピストルズ、米国ではパティ・スミスやラモーンズら、第一世代が走らせた切断線は歴史をパンクの前と後にきりわけ、事後の世界に主流とはちがう選択肢（オルタナティヴ）の存在をつまびらかにすることになる。具体的には楽器を手にすること、音楽をやってみること、録音してレコードを制作すること、できあがったレコードをレコード店に卸したら、それらを語ったり書いたりする媒体をたちあげ、自主企画のコンサートを開催し、全米規模のツアーが可能なネットワークを確立すること等々、上意下達も主従関係もない、名前のない共同体にも似たネットワークにおいてDIY（Do It Yourself）は錦の御旗に掲げるまでもない時代精神のようなものだった。むろんこれは文化のいち側面である。80年代、米国でも英国でも、あるいは遠く離れた極東でも、無情の世界には保守と反共と新自由主義がはびこり、音楽チャートでは、人工甘味料のようなポップスかゲート・リヴァーブを利かせたスタジアム・ロックが上位を独占していた。そのような状況下でオルタナティヴであることは趣味や志向にとどまらない、直截的な選択であり行動であった。

　レーベルでいえば〈SST〉〈Dischord〉〈Touch And Go〉や〈Sub Pop〉

などが、バンドではブラック・フラッグ、ミニットメン、マイナー・スレットやフガジやハスカー・ドゥ、ビッグ・ブラック、都市でいえばシカゴ、DC、オリンピアなどが80年代をとおして音楽愛好家の耳目を集めた。86年にボアダムスを結成したEYヨはバンドをはじめた当時、興味をもっていたレーベルとして〈Homestead〉〈Touch And Go〉〈Community 3〉〈Shimmy Disc〉〈New Alliance〉などを本文であげている。なかにはすでに歴史的な役割を終えたレーベルもあるが、仮に彼らが80年代に種を蒔かなければ90年代の収穫もなかった。むろんソニック・ユースやダイナソーのように80年代に地歩をかため、90年代に踏み込んでいったバンドもあれば、その一方で、中心人物の事故死で休止をやむなくされたミニットメンのような突然変異的に偉大なバンドもいた。上にあげた三者は80年代の一時期ともに〈SST〉に籍を置き、レコードを出した、いわばレーベルメイトであったが、それ以前におのおのが語り口をもった独立した主体でもあった。そこに背骨のようなものを一本通すのがレーベルの磁場であり、インディペンデントというあり方なのである。

　もっとも独立系特有の不安定さもある。ことに経済面では、実績を足場にメジャー・レーベルに移籍するバンドもあれば買収や資本提携でレーベルごとメジャー傘下に移ることもある。資本主義の力学のあらわれともいえるこれらの例は、モータウンやチェスやアトランティックをメジャーが買収した60年代末から幾度もくりかえしてきたことだが、時代がくだるごとに、経済合理性と技術革新があいまって、メジャーとインディの二分法を問うことはますます意味をうしないつつある。〈MCA〉傘下の〈DGC〉がニルヴァーナやソニック・ユース、ウィーザーなど、ヒット作を連発した90年代はおそらくその分水嶺であり、アンダーグラウンドのアーティストのメジャー進出にあたりことの是非を問う、最後の時代だったのかもしれない。

　言葉を換えれば、作者と作品と聴き手をめぐる倫理が機能した最後の時代。戦争から情報——このふたつはほぼ同じものだが——にいたる

分野で2022年の現在に直結するテクノロジー（とそれにともなう問題）が出現した十年紀にして、しかしそれらがいまだ有和的な未来予想図を描けた時代、なによりも20世紀という近代最後の10年紀である90年代はリヴァイヴァルとかノスタルジーとか抜きにくりかえし考え、たちかえる価値がある。

　本書は90年代を表現するあたり、時系列的な構成を試みた。1990年代1月1日から1999年12月31日にかけての10年のあいだに北米大陸（アメリカとカナダ）で出たレコードやCDをなるべく順番にならべるようにした。そうすることで、ジャンルやレーベルや音楽性の区分だけではみえない動的な理解が可能になるのではないか、と考えた。前期、中期、後期とわけたのは便宜的なものだが、それらの観点から時代を俯瞰すれば、わずか数年で時代の空気がガラリとかわっていることにも気づいた。一方で、頻出することが予想できるバンドやミュージシャンについては個別にまとめ、代表作とみなせる作品のリリース年ちかくに置くことを基本とした。セレクトしたなかには80年代、あるいは2000年代の作品などが混在するのは、社会や文化は暦どおりにすすむとはかぎらないから。90年代は時計の針が1990年代1月1日の午前零時をまわった瞬間にはじまったわけではない——というこのことは『90年代ディスクガイド　邦楽編』の巻末年表でも暗に示したが、管見では日本において1989年1月7日の昭和天皇崩御が昭和の終焉であるとともに90年代のさきぶれであったように、世界規模でも89年11月にベルリンの壁の崩壊とともに90年代ははじまっていた。あるいはオルタナティヴの90年代はニルヴァーナが『Bleach』をリリースした1989年6月15日に幕を切って落としていた——

　このような歴史観の下、本書は多種多様なオルタナティヴ〜インディ・ミュージックにあらためて耳を傾ける場となる。ここにはグランジ、ストーナー、スラッジ、サッド〜スロウコアもあれば、歌ものバンドやシンガー・ソングライターも存在する。ポストロックとポスト・ハードコアあるいはマスロックや音響系まで、90年代という時代とオルタナ

ティヴ〜インディなることばのおそるべき多義性を、今回ほど身にしみ
て感じたことはなかった。他方で、インディを謳いながらメジャー作品
があることもおことわりしておきたい。前段で述べたとおり、90年代
は前段に述べたインディとメジャーの二分法がゆるぎはじめた時代でも
あったからである。とはいえ出戸学が本文で指摘するとおり「オルタナ
ティヴとは主流とは別のものだったはずなのに結局は主流に回収されて
しまう」ことに無自覚であれば、音楽そのものが矛盾をきたす。さいわ
いなことに、その観点からセレクトに行き詰まることはなかった。むし
ろ音楽が音楽を呼び、気づけば遠くまで来ていることのほうが多かっ
た。このことは1990年がそのはじまりからすでに30年のときを経てい
ることにもなぞらえられる。2022年の耳で90年代の音楽にふれると、
かつて心躍らせていたバンドやミュージシャンの考え方や価値観のパ
ターナルな部分にひっかかることも少なくなかった。反対に、音楽のみな
らず、言葉や思考がすでにオルタナティヴなひとたちが90年代に数多
く存在していたことに、今回あらためて気づき、彼らの音楽に勇気づけ
られることもしばしばだった。ロックというよりもジャズや即興やノイ
ズにくくるべき作品もいくつかあるが、それらもまた「オルタナティヴ」
の語の効能とお考えいただきたい。セレクトと情報整理にさいしては澤
田裕介氏に多大なお力添えをいただいた。調整にあたっては制作の野田
努氏のご助言いただいた。記して感謝いたします。アート倉持、天井潤
之介、天野龍太郎、岩渕亜衣、木津毅、澤田裕介、寺町知秀、畠中実、
村尾泰郎──寄稿者の署名は文末の丸括弧内に姓で記した。無署名は特
記以外は監修者である。

2022年9月

松村正人

1990-1993

Early 90s

90年代初期

80年代なかばのインディ・シーン確立期の余波に洗われるように90年代初頭は幕を開ける。したがって本章の前半には80年代にその根をもつ音楽家がかたまっている、他方水面下ではこのディケイドに強烈な刻印を押しつけるムーヴメントが進行していた。やがてグランジなる呼び名に収斂するこの潮流はハードロックにパンクのエッセンスをもちこみ、虚無的な過剰さでX世代の代弁者となったが、はからずも生じた商業的な波にのまれるものもいたしのりきるものもいた。その主要な舞台のシアトルをはじめ、全米各地でこぶりながら有意のレーベルが彼らの声をあげはじめたのもこのころ。

Sonic Youth

ソニックユース

2009年の最終作『The Eternal』および2年後の活動停止にいたるまで、ソニック・ユースは長きにわたり米国のインディ〜オルタナ界を牽引した。結成は81年で、80年代を通じて『Bad Moon Rising』『Evol』『Daydream Nation』——と、変則チューニングを多用する不協和と階調に富む響きでアンダーグラウンドな傑作を量産、90年代を期にメジャーに移籍するも、『goo』のカヴァーを手がけたのがブラック・フラッグのグレッグ・ギンの実弟であるペティボンだったように、先鋭的な表現とつねにつながりつづけるハブにして紹介者でもあった。メンバーはサーストン・ムーア、キム・ゴードン、リー・ラナルド、スティーヴ・シェリーの四者に、2000年代以降ジム・オルークとペイヴメントのマーク・イボルドも参加。各人のソロ活動、サイドプロジェクトも活発だった。

文=松村正人、岩淵亜衣、澤田祐介

Sonic Youth "Experimental Jet Set, Trash And No Star"
(DGCRecords / 1994)

Sonic Youth
Goo
DGC / 1990.6

88年の前作『Daydream Nation』でひとつの完成をみた後のメジャー移籍にたいする「日和りはせぬか」という一抹の不安を雲散霧消させるとともに晴れた霧の向こうに90年代の光景までもかいまみせる6作目。「Teenage Riot」に対応する冒頭の「Dirty Boots」のようにSY流のポップソングも好調だが、ダイナソーのJとドン・フレミングによる空間設定は方々で鳴り響くノイズにも解放感をもたらしオルタナの道筋をつけた。キーはのちにトリビュートにも参加するカレン・カーペンターを題材にルッキズムにも通じる問題を提起する「Tunic」、PEのチャック・Dとのかけあいがある「Kool Thing」か。主唱者はともにキム。その点も90年代的。

Sonic Youth

本作と前作のあいだにレーベルがニルヴァーナと契約をかわした背景には『goo』の好調とSYの面々の口添えがあったとは語り草だが、当人らはどこふく風。時の人ブッチ・ヴィグを制作に招くも、先鋭性は崩れず、グランジ仕様の音響特性で政治的な主題に励起したかと思えば、クリントーンはますます幻想的に。「Sugar Kane」のMVにはクロエ・セヴィニーが出演し、カヴァーはマイク・ケリーが担当するなど、人脈もあいかわらず豊か。

Sonic Youth
Dirty
DGC / 1992.7

ロラパルーザでヘッドライナーをつとめ期待が高まる中リリースされた9作目。約20分のバンド最長の曲「Diamond Sea」やキム・ゴードンとキム・ディールのツイン・ヴォーカルの人気曲「Little Trouble Girl」など鍵となる曲も含み、攻撃的なアヴァンギャルドと内省的なエクスペリメンタル、そしてそれぞれのヴォーカルのバランスが良く、中期以降のソニック・ユースの黄金比を示しているような作品である。（岩渕）

Sonic Youth
Washing
Machine
DGC / 1995.9

グランジ然とした90年代前半のサウンドからザラついたラフな感触のギターの音色へ変化してきた前作の流れを踏襲しつつさらに抒情性が増した90年代最後の作品。「Wildflower Soul」（サーストン節が冴えるSY屈指の名曲）や「Sunday」（マコーレー・カルキンがMVに出演）、キムの「French Tickler」、リーの「Karen Kortlane」など各人のリリカルな名曲が並ぶ傑作。（澤田）

Sonic Youth
A Thousand
Leaves
DGC / 1998.5

20世紀最後の年に20世紀を代表する作曲家の作品をとりあげた企画盤。ジョン・ケージ、オノ・ヨーコ、小杉武久、カーデュー、ウォルフにポーリン・オリヴェロスと、インストラクション主体の作品が多いが、ぶらさげた複数のマイクを振り子よろしくぶらぶらさせてハウリングを聴くライヒの「Pendulum Music」など、方法や背景を発見し答え合わせのように聴く楽しみもある。2000年代に正式加入するジム・オルークが大活躍。

Sonic Youth
Goodbye 20th
Century
Sonic Youth Record
/ 1999.11

Pixies
ピクシーズ

86年に米・ボストンで結成された4人組。奇妙でひねくれたサウンドは〈4AD〉印の信頼もあり、イギリスではすぐに好意的に受け入れられた。やがてその画期的な音楽性が世界中に届くと、カート・コベインやビリー・コーガンも虜にし、ロックに「オルタナティヴ」な選択肢を与える礎を築いた。プロデュースを長年ギル・ノートンが、アートワークはグラフィック・デザイナーのヴォーン・オリヴァーが一貫して手がけるなど、こだわりのある美学も持っていた。93年に一度解散し、キム・ディールの脱退やフランク・ブラックのソロ活動でしばらくは休止していたが2004年に再結成し現在も新作のリリースやツアーを行っている。

文=岩淵亜衣

Pixies "Live At Brixton Academy - 06.02.04" (Disc Live / 2004)

UKインディ・チャートのトップ100に60週も居座り続けたという異常性もうなずける、いまだに新鮮で得体の知れない作品。凶暴な高速ノイズ・ポップとキム・ディールがヴォーカルをとる屈指の名曲「Gigantic」や「Where Is My Mind?」など美しくストレンジな楽曲が交錯する。作品の隅々までエキセントリックな感性と邪悪なユーモアによる中毒性が支配する誰も見たことがなかった光景は、その後のインディ・ロックの可能性の天井を突き破った。またレコーディング中の会話や口論も収めたスリリングな記録は、"Recorded by"とクレジットされるアルビニ録音の原点でもあると言えるだろう。

Pixies
Surfer Rosa
4AD / 1988.3

Pixies

偏執的なシャウトの「Debaser」で幕を開ける2nd
アルバム。すでにUKでの人気は沸騰していたが
ようやく彼らのホームのアメリカでも成功し始
めた。ナンバーガールもカヴァーした「Wave Of
Mutilation」や映画『(500)日のサマー』でも物語の
鍵となった「Here Comes Your Man」のように本
気でポップの"妖精"が舞い降りたような名曲から、
フリーキーなサーフ・ロックに高速ロックンロール
まで、全体としてはやはりポップの皮をかぶったド
変態アルバム。押し寄せるディストーション・ギタ
ーとブラック・フランシスの奇天烈なヴォーカルが
引いた後の余韻まで狂気の美しさが充満している。

Pixies
Doolittle
4AD / 1989

サーフ・ロックやガレージのテイストをさらに押
し出し、重厚なサウンドへと移行した3rdアルバム。
疾走するサーフ・インストから始まり彼らにしては
シリアスな楽曲が並ぶ本作は、アメリカでのチャー
トアクションで最も成功を収めた。「Velouria」「Dig
For Fire」のシングル群は変わり者であることから
解放されたかのようにブラック・フランシスのソン
グライティングの実力がストレートに発揮されてい
る。

Pixies
Bossanova
4AD / 1990.8

ピクシーズの初期4作品のラスト。この頃にはすで
にブラック・フランシスとキム・ディールは険悪に
なり、キムが参加した最後の作品にもなった。フラ
ンス語で『世界を騙せ』というタイトルを冠した本
作では冷ややかな音像をパンクやハードコア的な粗
暴さが押し進めたシンプルなかっこよさが次々と繰
り出され、グランジが勃興した時代のムードに帝王
の風格を見せつけた。ジザメリのカヴァー「Head
On」も必聴。

Pixies
**Trompe Le
Monde**
4AD / 1991.9

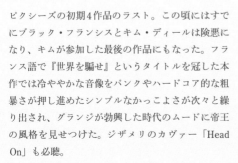

Pixies

ブラック・フランシスの陰で実直にベースを弾きた
まに歌うだけの彼女がピクシーズのもう一人の天才
だったと誰が想像できただろうか。キム・ディー
ルがスローイング・ミュージズのタニヤ・ドネリ
ー、そしてベースのジョセフィン・ウィッグス（の
ちにルシャス・ジャクソンに加入）らと結成して
リリースした本作1stでは、才能を隠しきれず原石
のまま光り輝いたような素朴さを持った天然のDIY
ロックが淡々と立ち並ぶ。ミニマルなビートの中で
どこかネジが外れたような気怠くガーリーな空気感
をスティーヴ・アルビニが生々しくリアルに録音。
「Happiness Is A Warm Gun」のカヴァーも秀逸。

The Breeders
Pod
4AD / 1990.5

The Breeders
Last Splash
4AD / 1993.8

ビルボード・チャートではピクシーズの最高順位を
軽々と超えスマッシュ・ヒットした2nd。タニヤ・
ドネリーが脱退し、キム・ディールの実の妹のケリ
ーが加入している。本作からの「Cannonball」「Divine
Hammer」の2枚のシングルはどちらもMVをスパ
イク・ジョーンズとキム・ゴードンが監督した話題
性もありMTVヒットし、キムのソングライティン
グの才能も完全に開花した。

Frank Black
Teenager Of
The Year
4AD / 1994.5

ルッキズムを悪用したかのようなジャケとタイトル
ですでに勝利確定。活動名義をフランク・ブラック
としたソロ2作目となる本作でピクシーズ初期のよ
うな毒気をさらにパワーアップさせて帰還した姿に
ファンは歓喜し、新しいファンに向けても自ら伝説
を語り継ぐ説得力となってピクシーズの名誉を永遠
のものにした重要作。特にシングル曲「Headache」
までの前半のたたみかける良曲の連続は輝かしい。

80年代以降、インディ・シーンでプロデューサーやエンジニアとしても確たる存在感を放つスティーヴ・アルビニのはじめてのバンドで、ドラマーはTR-606。題名やパッケージに明らかな露悪趣味とノイジーなサウンドは表現の自由の強度を担保し、非メジャーにこだわりDIYでやりぬく姿勢は後進の道標にもなった。クラフトワークの「The Model」の不穏なカヴァーをふくむ2作目は最終作。次の時代へ移行するインディ・シーンの象徴となった。

Big Black
Songs About Fucking
Touch And Go / 1987.9

グリーン・リヴァー解散後にヴォーカルのマーク・アームとギターのスティーヴ・ターナーが結成。ガレージ・パンクとブルースのエッセンスを持ったルーズで混沌としたハードロックがアンダーグラウンドの暗鬱さを表し、すでにグランジの萌芽が見られる1st EP。のちに同時期のシングルをプラスした編集盤アルバムとして再発売され、エフェクターで表したそのタイトルからも彼らの代名詞的作品となった。（岩渕）

Mudhoney
Superfuzz
Bigmuff
Sub Pop / 1988.10

マイナー・スレット解散後、イアン・マッケイがギターを手にしスタートしたフガジの出発点であるファーストEP。レゲエ／ダブの影響が色濃いベースラインが鮮烈なインパクトを残す「Waiting Room」で幕を開け、すぐさま血が騒ぐ。スピードを落としても衝動性はまったく失われておらず、ノイジーなギターと鋭利な言葉で吐き出されるツイン・ヴォーカル、そして特徴である変則的なリズム隊が複雑かつ荒々しくぶつかり合う。（寺町）

Fugazi
Fugazi (7 Songs)
Dischord Records / 1988.12

80年代後半に独自の領域を拓き、90年代の潮流に先鞭をつけたルイヴィルの4人組。元スクワール・バイトのウォルフォードとマクマハンに、地元で一目を置かれていたデイヴィッド・パホらで86年に結成。ファーストとなる本作は意中のアルビニにプロデュースを依頼、ポスト・ハードコアなスタイルでインダストリアルな音響空間を創出するが、現実音などもふんだんにとりいれた旺盛な実験とそこはかとない諧謔はポストロックを予見。

Slint
Tweez
Jennifer Hartman Records / 1989.7

Bastro
Sing The Troubled Beast
Homestead Records / 1990

のちにポストロックとして花開く種を蒔くひとたち
の重要作。地元ではともにスクワール・バイトの一
メンバーだったデヴィッド・グラブスとクラーク・
ジョンソンにジョン・マッケンタイアを加えた布陣
はセカンド『Diablo Guapo』をひきつぐが、スタン
スは柔軟に、アイデアは意外性に満ちている。パタ
ーンを頻繁にきりかえながらリズム構造そのものの
ポップさを提示する冒頭の「Demons Begone」か
ら才気煥発なことこのうえなく、パンキッシュなが
らひねりもあり、音響も色彩豊か。その創発性には
ポストパンク期のディス・ヒートを彷彿とするが、
シカゴへの帰郷を期にバンドはガスター・デル・ソ
ルに発展的に解体するのはまた別のお話。

Dwarves
Blood Guts & Pussy
Sub Pop / 1990.1

怪奇趣味に溢れたヴィジュアルを携えノイジーでサ
イケデリックなガレージの王道をゆく音を鳴らして
いた1stを初めに聴くと、本作以降のハイファイ感
は局部のモザイクがファンタジーもろとも除去され
てしまったようで躊躇う。曲も高速化しパンク的だ
が、例えば初期F.Y.P.のような激ショボなパンクと
は異なり演奏はかっちりしているし、つまりは露悪
的なジャケ共々悪いことと下品がてんこ盛りのロッ
クンロールの最新形だったわけですね、当時。(倉持)

They Might Be Giants
Flood
Elektra / 1990.1

「愛と破局についてはわからないが、TMBGは1990
年の新譜をおとどけしますよ」と高らかに歌いあ
げる冒頭から壁があったころのベルリンで書いた
「Road Movie To Berlin」の壮大なチープさまで、3
分内外の都合19曲でがっちり構成した通算3作目。
クセになるポップセンスとねじれたユーモア、マシ
ュー・ハーバートを20年さきかげるかサンプリン
グの方法論、アート・リンゼイらゲストの人選まで、
空想を次々と音で実現。

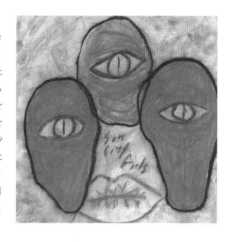

80年代初頭のアリゾナ（サンシティ）のハードコ
ア・シーンにルーツをもち、初期は夥しいカセット
・リリースで好事家を欣喜雀躍させたトリオが来た
るべきオルタナティヴの時代をトーチさながら照ら
し出す代表作。のちに〈Sublime Frequencies〉を
たちあげるアランと、現在もその特異なスタイルを
研磨しづけるリックのビショップ兄弟に、当意即妙
なドラムのゴーチャーによる布陣で、中東の乾いた
トーンとサイケデリックな酩酊感を土台に、アフリ
カ、南米（フォルクローレの有名曲「泣きながら」
のカヴァー）、マカロニウェスタン風まで、歴史と
地理を縦横無尽に駆け抜ける。

Sun City Girls
Torch Of The Mystics
Majora / 1990.1

ヘヴィネスを増した以降のメジャー作と比べると、
デビュー作の本作にはビッグ・フラッグやジーザス
・リザードなどとともにしたポスト・ハードコアの
雑味やグランジ黎明期の名残が色濃くうかがえる。
中核のペイジ・ハミルトンはジャズや前衛にも精通
した異能ギタリストで、リフとノイズが畳み掛ける
一気呵成のアンサンブルはニューメタルとマスロッ
クを混交させたようなピークを演出する。ドラムを
叩くのは現バトルスのジョン・スタニアー。（天井）

Helmet
Strap It On
Amphetamine
Reptile Records /
1990.3

2枚のEPとシングルを挟んでリリースされた実質
的ファースト・アルバム。静かに立ち上る冒頭の
「Turnover」でポスト・ハードコア時代の到来を告
げたが、激情を内包したその音楽と存在は言葉の意
味で完全なハードコア・バンドと言える。ギー・ピ
チョットがギタリストとしても加わり、ツイン・ギ
ター体制で強靭さを身につけたタフな演奏に加えて、
ソングライティングにおいてイアン・マッケイの
ポップセンスが随所に光っている。（寺町）

Fugazi
Repeater
Dischord Records /
1990.4

Daniel Johnston

ダニエル・ジョンストン

カート・コベインやソニック・ユース、ヨ・ラ・テンゴなど数多くのアーティストがリスペクトしてやまないUSオルタナ界きってのアウトサイダー。躁うつ病に悩まされながら湯水のように湧き上がる創作意欲で80年代に自宅の地下室やテキサス、オースティンと各地を転々としつつ自作カセット作品を多数リリース。90年代以降は持病が原因でトラブルを起こしながらも彼をリスペクトするクレイマーやスパークルホースのマーク・リンカス、ジェイソン・フォークナーなどさまざまなミュージシャンのサポートを得て作品を発表。数多くのアーティストにカヴァーされる名曲を多数残したが2019年に58歳で波乱と苦悩に満ちた人生の幕をとじた。

文=澤田祐介

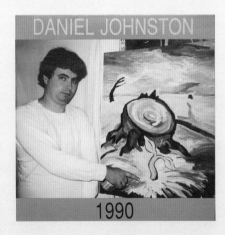

Daniel Johnston
1990

Shimmy Disc / 1990.1

レコーディングとライヴのために単身でNYに渡ったものの滞在中、自由の女神像に落書きして逮捕されたり、浮浪者に大金をあげて一文無しになったり、心配したソニック・ユースのメンバーと口論になり失踪したりと映画『悪魔とダニエル・ジョンストン』で描かれているようにダニエルの奇行によって制作は難航したが、滞在時に録音した音源とライヴ音源を編集するというクレイマーの荒業ともいうべきプロデュース・ワークによって完成したアルバム。残響たっぷりの印象的なピアノとシンプルだけど心を揺さぶる歌詞（ダニエルの歌詞はどれも本当に心に響く）の名曲「Something Last A Long Time」を収録の傑作。

Daniel Johnston

アートワークで一番有名な作品はカート・コベインがMTV出演時にTシャツを着ていた『Hi How Are You』だがカートのお気に入りの作品として挙げられていたのが本作。ヨ・ラ・テンゴやパステルズがカヴァーした「Speeding Motorcycle」や「Don't Let The Sun〜」「Chord Organ Blues」など初期のカセット作品群のなかでも名曲が目白押しの大傑作。

Daniel Johnston
Yip
Jump Music / 1983

父親の操縦する飛行機を墜落させるなどのトラブル（奇跡的に無傷）を巻き起こし入退院を繰り返した後、実家に戻り、地元の知り合いを手当たり次第にメンバーに誘って初めてバンドスタイルで制作されたアルバム。プロデュースは前作に引き続きクレイマーが担当。前作はかなり精神的に厳しい状況で作られていたが本作は地元で静養中に録音ということもありリラックスした朗らかなダニエル・ジョンストン節が堪能できる。

Daniel Johnston
Artistic Vice
Shimmy Disc / 1990.1

エレクトラと決まりかけていた好条件な契約を「メタリカのようなサタンの手下の所属するレーベルはイヤだ」とドタキャンし、結局アトランティックと契約を交わしリリースされた唯一のメジャー作。バットホール・サーファーズのポール・リアリーによるプロデュースで前作に通じる朗らかな曲と、完全に異世界と交信しているようなストレンジな曲までヴァラエティに富んだ佳曲が並ぶがセールス的には惨敗、2年で契約解除に。

Daniel Johnston
Fun
Atlantic / 1994.9

メジャー契約解除され、5年のブランクののちリリースされたアルバムは地元オースティンのグラス・アイのメンバーでダニエルの晩年も一緒にアルバムを作っていたブライアン・ビーティーによるプロデュース作品。90年代以降は毎回誰かのプロデュース（サポート）を必要としていたダニエルだが、ミュージシャンとしての知名度は高くないけれどダニエルの良さを一番引き出していたのはブライアン・ビーティーだったと思う。

Daniel Johnston
Rejected Unknown
Newimprovedmusic / 1999.10

高校の同級生だったディーン・ウェアハム(g)とデーモン・クルコフスキー(dr)がハーバード大在学中に始めたバンドにほとんど演奏経験のないナオミ・ヤン(b)が加わり結成。バンド名の由来はディーンの友だちの乗っていたフォードの60年代型の車種から。活動期間は87年〜91年と長くはないが、ヴェルヴェッツ・チルドレンの最高峰といわれた霧の中を漂う白昼夢のようなサウンドはUSインディやドリームポップ系のバンドを中心に現在も影響を与えている。解散後、ディーンはルナを結成、最近ではソロやパートナーでルナの後期メンバーのブリッタとのデュオとしても活動。デーモンとナオミは夫婦となりデーモン＆ナオミとして活動。

Galaxie 500
ギャラクシー500

文=澤田祐介、松村正人

Galaxie 500 "Copenhagen" (Rykodisc / 1997)

ヴェルヴェット・アンダーグラウンド、テレヴィジョン、フィーリーズといった先達の系譜に繋がる静かに燃える蒼い炎のような狂気の最高到達点。彼らのトレードマークの蜃気楼のように揺れるリヴァーヴ成分の多いギターのコード・ストロークが楽曲の中心ではあるけれど、デビュー時の拙かった演奏から格段に表現力を増した遠雷のように轟くリード・ギターと歌うようなベースラインが饒舌になったラスト・アルバム。ギャラクシー屈指の名曲「Fourth Of July」、ナオミが歌うオノ・ヨーコの静謐なカヴァー「Listen, The Snow Is Falling」、どんどん弛緩していく「Melt Away」など名曲多数収録。(澤田)

Galaxie 500
This Is Our Music
Rough Trade / 1990. 1

Galaxie 500

第4のメンバーともいえるクレイマーによるプロデュースでたった2日間のみでレコーディングされたデビュー作。甲高くか細く頼りないヴォーカル、ペナペナなギターにたどたどしいベースラインとドタバタしたドラムと演奏自体はかなり拙いけれど、霧のように深くかけられたリヴァーヴが蜃気楼のような独特の空気感を生み出しており、後進のバンドへ多大な影響を与えることになるフォーマットはすでにこの時点で完成している。(澤田)

Galaxie 500
Today
AURORA / 1988.10

演奏とサウンドの基本フォーマットは前作から大きく変わらず微熱を帯びたイントロから徐々に熱量をあげていくスタイルだが、オーヴァーダビングも増え表現力が大きく進歩した2nd。「Blue Thunder」、「When Will You Come Home」など名曲も多いが、おそらくナオミ加入前からレパートリーにしていたと思われるニュー・オーダー「Ceremony」のエモーショナルなカヴァーが秀逸。(澤田)

Galaxie 500
On Fire
Rough Trade /
1989.10

ギャラクシー解散後、ディーン・ウェハムが元チルスやフィーリーズのメンバーらと結成した新バンド。ヴェルヴェッツよりもルー・リードのソロ作のような変化を遂げたサウンドでギャラクシー500の揺らぎはそのままに全体を覆っていた霧のような深いリヴァーヴをふっと一息で吹き払って心機一転新しいことをやり始めたような瑞々しさと、ディーンの生来の枯れた味わいが見事にマッチした傑作。名曲「Slide」収録。(澤田)

Luna
Lunapark
Summershine /
1993.8

都会に住むさまざまな人々の何気ない日常や内省を観察している眼差しを感じるポール・オースターやレイモンド・カーヴァーの作品にも通ずるアメリカ文学のような世界観をもった最高傑作3rd。「Chinatown」「Slideshow By The Seashore」「Moon Palace」等、これぞディーン・ウェハム節ともいえるリリシズム溢れる名曲多数。テレヴィジョンのトム・ヴァーレインがゲスト参加。(澤田)

Luna
Penthouse
Beggars Banquet /
1995.8

Galaxie 500

Luna
Pup Tent
Beggars Banquet /
1997.7

フィーリーズのスタンリー・デメスキが脱退し今作から新ドラマーが参加。いつになく熱い熱量の前のめりの演奏で幕を開ける4作目。微熱、浮遊感、淡いサイケデリアをまとったサウンドは同じくヴェルヴェッツ・チルドレンの最高峰と評されていたヨ・ラ・テンゴの『I Can Hear〜』と通じるような空気感もある。ヴェルヴェッツの「Candy Says」を引用した名曲「Tracy I Love You」収録。(澤田)

Luna
Days Of Our Nights
Beggars Banquet /
1999.10

アルバム完成後に所属レーベルから契約解除となりリリースに至るまで紆余曲折あった5作目。ルナといえばカヴァー曲のチョイスと自分たちのサウンドに原曲を引き寄せるアレンジセンスが絶妙だが、本作ではガンズ・アンド・ローゼズの「Sweet Child o' Mine」を選曲。ギャラクシー時代の名カヴァー、ニュー・オーダー「Ceremony」並みに本家も顔負けの名演を聴かせている。(澤田)

Damon & Naomi
More Sad Hits
Shimmy Disc /
1992.11

デーモンとナオミの夫婦ユニットの第1作はその表題からギャラクシーを承前とし、よりインティメットな領域に踏み込む宣言ともとれるが、ここでいう「Sad（悲しさ）」はカヴァーに掲げたマン・レイの「涙」のように、泣き笑いにも似た両義性と強烈な虚構性を放つ。コーラスを駆使したツブぞろいのドリーム・ポップの旅路は拙い仏語で歌う「This Changing World」が終わり、レコードの針があがる効果音が聞こえるまで終わらない。

Damon & Naomi
The Wondrous World Of Damon & Naomi
Sub Pop / 1995.11

60年代に一世を風靡した夫婦デュオ、ソニー&シェールの題名をパロった2作目の制作は前作にひきつづきクレイマーだが、リリース元はグランジの総本山。先達にならってガレージっぽい歌ものサイケかと思いきや、室内楽風で彩りの豊かさがかえって歌をぼやけさせたきらいも。ザ・バンドの「Whispering Pines」など、本家ともちがう深い味わいなのだけど。2013年には曲順とジャケットを変えた新装盤を自身のレーベルから出した。

80年代スケート・パンクの筆頭格がスラッシュで体制をかため90年代の幕開けを飾った5作目。ただしスピードチューン一辺倒ではなく、ファンク調からダーティなロックンロールまで、「Send Me Your Money」などにみえる皮肉と怒りに満ちたマイク・ミューアの歌詞も多彩な曲調にのせて展開する。ベースのロバート・トゥルジロは本作が初録音。前奏がまんまメタリカの「Battery」な1曲目はのちの運命を予見していたのかも。

Suicidal Tendencies
Lights Camera Revolution
Epic / 1990.7

ニルヴァーナの1〜2作目の幕間に、同郷から登場した4人組のファースト。ジェリー・カントレルを中心とする演奏陣の重くひきずるリフワークとレイン・ステイリーの特徴的な声質を活かしたダークでゴチックな世界観はすでに確立の観あり。自虐性や露悪性を強調しながらスタイリッシュにまとめた「Man In The Box」のMVをMTVがヘビロテしたことでグランジ・ブームの火つけ役も担った。やや一本調子だがアイデアは多彩。

Alice In Chains
Facelift
Columbia / 1990.8

スロウコア、サッドコアの開拓使の最初の一歩。ただしその肌触りはロウほど冷え冷えとしたものではなく、レッド・ハウス・ペインターズほどポップでもない。人的にもスリントらルイヴィル一派にちかく、ハードコアをふまえた蕪雑さとインディ・ロックらしい俯き加減な姿勢でゆっくりと大地を踏みしめるかのよう。影響の裾野は広く、「Cave-In」は同名バンドの元ネタとなり、2012年の〈Numero〉からの再編〜再発も話題を呼んだ。

Codeine
Frigid Stars LP
Glitterhouse / 1990.8

バンドのクリエイティヴィティがピークを迎え、商業的にも成功を収めた3作目にしてラスト・アルバム。冒頭からフルスルットルで疾走する「Stop」、ミクスチャー全盛期の空気を捉えた「Ain't No Right」、犬の鳴き声が入る西海岸らしい開放的なファンクチューン「Been Caught Stealing」、ダーク＆サイケデリックな長尺ジャム曲「Three Days」等底知れぬポテンシャルを存分に発揮している。（寺町）

Jane's Addiction
Ritual De Lo Habitual
Warner Bros. / 1990.8

The Posies
Dear 23
DGC / 1990.8

ガレージっぽさもインディらしかったファーストからメジャー体制に移行した2作目ではケン・ストリングフェローとジョン・オウアのソングライティング・センスにフォーカス。「You Avoid Parties」とか「Everyone Moves Away」とか、デュオ時代を想像させるスタンダード調もしっとりしていいが、この2年後にリンゴ・スターがとりあげる「Golden Blunders」のパワーポップとひとくくりにできない起伏に富んだ展開が耳を惹く。

L7
Smell The Magic
Sub Pop / 1990.9

いまだ混沌としていた〈Epitah〉期とメジャー・プロダクションの〈Slash〉期の幕間にあって、西海岸出身の女性4人組のすごみと直結したかのような〈Sub Pop〉期のEP。並みのグランジよりもグランジーにモッシュピット・マナーを教示する「Shove」、戒厳令のような「Fast And Frightening」、おそるべき形相の声音の掛け合いでスピーカーから目をそらしそうになる「(Right On) Thru」など、孟宗竹を叩き割ったような一枚。

Lard
The Last Temptation Of Reid
Alternative Tentacles / 1990.9

デッド・ケネディーズのビアフラをフロントに、ミニストリーの面々がバックをかためるユニットで90年代後半にももう一枚ある。基調はインダストリアルで、ディストーションを聴かせたギターが刻む攻撃的なサウンドに乗せて政治的（ことに往時の麻薬戦争）を題材にした歌詞を前のめりに吐き出している。いうほどデジタルではないが、速度と強度の2項がその中心概念であることを立証する直截さと、ユーモアを忘れないのがすばらしい。

Redd Kross
Third Eye
Atlantic / 1990.9

バンドの名の由来でもある映画『エクソシスト』でリーガン役だったリンダ・ブレアを題名にいただく楽曲など、80年代初頭のナンセンスなパンク・バンドがキャリア10年を超えパワーポップに転身。潜在していたポップ志向を爆発させたかのごとき「Annie's Gone」、グラマラスな「Bubblegum Factory」に映画とのタイアップもふくめ、メジャーらしい展開のなかで大阪の女性3人組へのスピーディなオマージュ「Shonen Knife」がフックに。

地元ではジョン・スペンサーとバンドを組んでいた
トッド・AがNYでベース×2＋サンプラー×2＋
ドラムでたちあげたインダストリアル・バンドのフ
ァースト。変則的な布陣ゆえ、中身が不安な方もお
られるだろうが、曲づくりの妙かマーティン・ビシ
のプロデュースが奏功したか、行き詰まる様子もな
く、シャープな音像で終始押し切っていく。その後
メジャー移籍後、94年の4作目をもって解散。バン
ド名がのこらなかったのは惜しい。

**Cop Shoot
Cop**
Consume
Revolt
Circuit / 1990.10

バットホールからギビーとピンカスの別働隊があて
ずっぽうなサンプリングと即興的なミックスセンス
を思いのほか巧みな構成力で編み上げた、ブレイク
ビーツないしアシッド・ハウスで、つまるところレ
フトフィールドな唯一のアルバム。速度や音程の変
調など、数年前に自身テキサス・サイケの領域で憑
かれたようにとりくんでいた方法論がクラブ・カル
チャーの黎明期特有の未分化状態と衝突し出現した
無重力空間。見事な時代の産物。

**The
Jackofficers**
Digital Dump
Rough Trade /
1990.11

"ダブル・ファンタジー"ならぬ"ツイン・インフ
ィニティヴズ"――am、are、isなどにおける「be」
すなわち人称、時制に左右されない動詞の形態を表
題に掲げるロイヤル・トラックスはのちにハウリン
グ・ヘックスとなるニール・ハガティがプッシー・
ガロア在籍時にガールフレンドのジェニファー・ヘ
レマとたちあげたデュオ。その2作目は声とギター
によるサイケデリック・ジャム。頭のなかが混線し
たかのようなテレパシックな音響がこだますが、野
放図なノイズにもロックンロールの原型がひそんで
いる。2000年の『Pound For Pound』で公私ともに
幕を引く彼らの90年代は混沌から形式がたちあが
る模様を捉えたドキュメントの趣きも。

Royal Trux
Twin Infinitives
Drag City / 1990.12

John Zorn

ジョン・ゾーン

本書でゾーンをとりあげるのは彼をジャズメンとみなすよりポストモダンの実践者とみるからである。じっさいゾーンは70年代末にスポーツやゲームの規則を即興にもちこむ「ゲーム・ピース」でその名を高め、80年代なかばにエンニオ・モリコーネのマカロニ・ウェスタンやスパイ小説などを換骨奪胎した作品で名をあげた方法のひとであった。またサックス奏者としてのゾーンはオーネット・コールマンに傾倒した演奏の組み立てとヒステリックなトーンを頻発するスタイルで、先鋭的で横断的で対抗的な音楽家からなるダウンタウン派の顔役として、お膝元のニッティング・ファクトリーを中心に旺盛な活動をおこない、90年代には東京や欧州の即興〜前衛のシーンを糾合するオーガナイザーとしても存在感をしめした。現在は演奏家〜作曲家として日々表現の深化につとめているようである。

文＝松村正人、畠中実

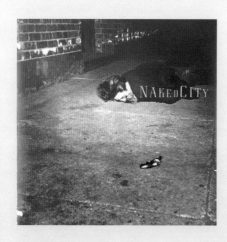

ゾーンのほかに、フレッド・フリス、ビル・フリゼール、ジョーイ・バロン、ウェイン・ホーヴィッツからなるダウンタウン・シーンのスーパーバンド。ジャズをベースにハードコアやグラインドコアの方法論を映画音楽や流行歌、マンガ音楽やサーフィン音楽、大衆性、記名性のつよいコンテンツとかけあわせておこる化学変化を犀利に観察し原理を究明する26曲。オープニングの「Batman」、ジェリー・ゴールドスミスの「China Town」、007のテーマなど、人口に膾炙した作品の緩急、陰影をつけた解釈を、ボアダムスの山塚アイ（当時）のシャウトが切り裂く構成はいまもスリリング。録音には80年代の残響があるが、構想は90年代の核心を突いている。

John Zorn
Naked City
Elektra / 1990.2

John Zorn

Various Artists
The Parachute Years 1977-1980 (Lacrosse Hockey Pool Archery)
Tzadik / 1997.6

〈Parachute〉レーベルから発表した、「ゲーム・ピース」の初期作品を集めたCD7枚組ボックス。『Lacrosse』『Pool』『Hockey』『Archery』の4作品に、未発表のリハーサルテイクなどを追加している。「ゲーム・ピース」は、ゲームやスポーツの名を持った、作品ごとに設定されたルールにしたがって展開される即興音楽のシリーズ。ハンドサインによる指示を即時判断して演奏を行なう。(畠中)

Naked City
Grand Guignol
Avant / 1992.2

ソロ作の表題がバンドで自律し3作目。表題は前々世紀末のパリに実在した見世物小屋風の劇場の名称で、18分および同名曲にはあたかも舞台上のいかがわしい出しものを客席から眺める感興が。ドビュッシーの「沈める寺」やメシアンの「世の終わりのための四重奏曲」をとりあげたのはおそらくフランスつながりからだが、スクリャービンの前奏曲、アイヴズの歌曲もあわせて、選曲の観点と現代的な解釈に演奏者の力量をみる思い。

Pain Killer
Guts Of A Virgin
Earache / 1991.5

マテリアル、ラスト・イグジットのビル・ラズウェルとナパーム・デスのミック・ハリスとのトリオ。フリージャズとグラインドコアの極限状態の維持を目し、サックスは嘶き、ベースは軋み、ドラムが高速化する過程で、あらゆる記名性や身体性までもふりきり抽象化するのがこのユニットの真価であろう。某メタル専門誌でジューダス・プリーストの『Painkiller』(90年)との混同に注意を促すレヴューを目にしたことがある。

Masada
Beit
DIW / 94.6

自身のルーツに立ち返り、ユダヤ〜クレツマー音楽にオーネット・コールマンのハーモロディック理論をかけあわせ2ホーン・コンボに編み上げた脱構築バップ。ファースのオビには三部作とあるが、98年の最終作まで10作を数えた。なかでもこの第2集は冒頭の「Piram」「Achshaph」など、スピードとテンションで頭ひとつ抜けている。当時ゾーンは頻繁に来日しており、渋谷のラ・ママなど、すぐそばで演奏にふれられたのはラッキーだった。

Butthole Surfers
Piouhgd
Rough Trade /
1991.2

80年代後半に頂点をきわめたテキサス・サイケの雄の90年代の一発目。電波系ヘヴィ・サイケの「Revolution」や、フォーク風のモチーフを粘着的にくくりかえす「Lonesome Bulldog」などの連作形式の楽曲を全体に散りばめ、数々の逸話をのこす彼らのライヴを再現するような後半の2曲と、まだまだ意気盛んなところをみせつける。ドノヴァンの原曲をさかんにぐらぐらさせるシングル曲とソニック・ユースをパロった「P.S.Y.」が秀逸。

Melvins
Bullhead
Boner Records /
1991.3

ブラック・サバスを祖型にした重苦しさに反復の要素が加わり、ストーナー〜スラッジの形式がほぼできあがった3作目。本作のリース前にはニルヴァーナの『Bleach』にも参加したドラマーのデイヴ・クローバー、ジャリジャリとしたサウンドを撒き散らすバズ・オズボーンと初期のボトムを支えたロリ・ブラックの三者でハードロック、メタルの文脈から逸脱するリフ・ワークを追究。1曲目はわが国のBorisがバンド名を拝借したのでも有名。

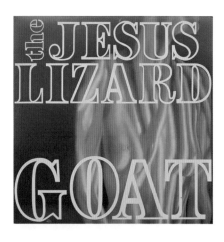

ドラマーがリズムボックから人間にチェンジしアルビニとの二人三脚も加速しはじめた2作目。ヴォーカルと楽器陣のつばぜりがいが彼らの持ち味で、後進にも多大なる影響を与えたが、あらためて聴き直すと、デヴィッド・シムズのベースのなんとひきしまっていることよ。スクラッチ・アシッド時代からのヴォーカルのヨウの盟友で、いまでは口に出すのも憚られるレイブマンでアルビニを支えたシムズの刻みが熾火のようなグルーヴの発火点となり、アルビニとの5年の共闘期間における最高の瞬間を照らし出している。シェラックとも傾向は似通うが、彼らのほうがバンドっぽい。「Monkey Trick」にはじまる後半のたたみかける勢いとかっこよさは格別。

Jesus Lizard
Goat
Touch And Go / 1991.3

ウィル・オールダム撮影のカヴァーがきわめて秀逸。仲間内の日常のいち場面にすぎないのに、それがいまにも崩れ落ちそうなあやうい均衡のうえになりたっているような、四つの首がどこかに漂っていくかのような、親密さ不穏さと不可思議さが斑になった白黒のややピンボケした写真への印象はおそらく本作の予見的な内容とも無縁ではない。ファーストの方法を土台にこの2作目となる最終作では押し殺した静けさと対極にふりきれた激しさをいっそう構成的に配置、ソニック・ユースを彷彿する不協和音とパワーコードが同居する「Breadcrumb Trail」、5拍子のリフが作中人物の跛行をなぞる「Nosferatu Man」、ギターと呟き声だけで聴き手の予想をいなしつつ響きに傾聴させる「Don, Aman」など、全6曲をひと筆書きするように貫通する緊張感と静寂を多分にふくむ空間性は90年代を精確に先駆けた。

Slint
Spiderland
TOUCH AND GO / 1991.3

作品は間遠ながら継続的に活動をつづけるミクスチャー・トリオのメジャー1作目で、グランジ〜インディ・ロックとレジデンツやザッパの系譜が併走するお国柄をいま伝える作品としてきわめて重要。のちにオイスターヘッドでも活動し、バケットヘッドともツルむレスのベースが全体を牽引するが、ジョー・サトリアーニの弟子のギターと加入前はスカをやっていたというドラムも腕達者。お披露目作のつねとして、どうしても総花的になりがちなところを全編がトリックでできているかのごときアンサンブルの特異さが早計をゆるさない。ライヴの重要なレパートリーである「Tommy The Cat」や、キンクリの「Elephant Talk」を意識したであろう「Jerry Was Race Car Driver」、スラップとコード弾きを巧みにからめたリフづくりなど、好事家の評価は高い。邦盤収録のXTCのカヴァーを収めた日本盤もわが意をえたりだった。

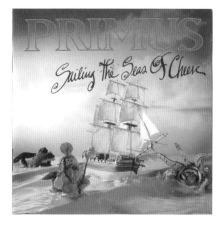

Primus
Sailing The Seas Of Cheese
Interscope / 1991.5

R.E.M.

AT MY MOST BEAUTIFUL

1980年、米国ジョージア州アセンズで結成。1981年にレコード・デビュー、82年より〈I.R.S.〉に移籍し、米国のカレッジ・ラジオのネットワークを通じて、カレッジ・チャートで支持を得て、インディペンデント・シーンで絶大なる人気を誇った。米国のサイケデリック・リヴァイヴァルと同時期に登場したが、フォーク・ロック、サイケデリックからの影響を受けながらも独自のサウンドを築いた。88年にワーナーに移籍。ソニック・ユースとともに、80年代から90年代を通じて、米国のオルタナティヴ・ロックを代表する重要なバンドとなった。また、カート・コベインをはじめとする多くのミュージシャンからも支持された。2011年解散。（畠中）

文＝松村正人、畠中実

R.E.M. 'At My Most Beautiful' (Warner Bros. Records / 1999)

彼らの作品の中でも、高い評価と商業的な成功をもたらした8枚目のアルバムで、最高傑作とも言われている。前作『Out Of Time』のあと、ツアーをせずに、米国各所で制作に十分な時間をとって作り上げた。「Drive」、「Everybody Hurts」、アンディー・カウフマンへ捧げられ、同名の映画にも使用された「Man On The Moon」など、本作から6曲ものシングルヒットを出した。カート・コベインが、自死の直前に本作を聴いていたとも言われている。全体にアコースティックで、ストリングスとキーボードの比重が大きく、ギターは控えめ。ストリングスアレンジはジョン・ポール・ジョーンズが担当。（畠中）

R.E.M.
Automatic For The People
Warner Bros. / 1992.10

R.E.M.

爽快なポップ作の88年の『Green』から3年後の90年代第一弾はB-52sのケイト・ピアソンとKRS-1を招き、ストリングスも入れた野心作。とはいえ彼ららしさは健在で、シングル「Losing My Religion」の憂いを帯びた旋律とそれを彩るピーターのマンドリン、多義的な歌詞はやはり印象的だが、サイケ風でローな「Low」と対照的な「Shiny Happy People」、マイク・ミルズが主唱者の隠れた名曲「Texarkana」など、好調を維持。

R.E.M.
Out Of Time
Warner Bros. /
1991.3

前作から一転してラウドでサイケデリックなロック・アルバムとなった本作はグランジへの応答とも言われた。ディストーションやトレモロのかかったギターやエフェクトのかかったヴォーカルなど、前作、前々作に特徴的だったアコースティックで内省的なフォーク・ロック調のイメージを払拭している。このアルバムとともにひさびさのワールドツアーに出る。「Let Me In」は、カート・コベインに捧げられている。（畠中）

R.E.M.
Monster
Warner Bros. /
1994.9

ワーナーと当時の最高金額で契約を更新、その後にリリースされた。にもかかわらずというべきか、派手さはないが、深みを増した作品となっている。ドラマーのビル・ベリーが参加した最後のアルバムであり、ワーナー移籍からの区切りとなる作品でもあった。ツアーをしながらの録音が曲調の多様さにつながっている。パティ・スミスが「E-Bow The Letter」に参加。その後バンドは次なるステップへと向かう。（畠中）

R.E.M.
New
Adventures In
Hi-Fi
Warner Bros. /
1996.9

ビル・ベリー脱退後の初アルバム。そのことをリマインドするように冒頭はノンリズムのラウンジ風電子音にはじまり、「Hope」「The Apologist」「You're In The Air」と、スイタブみずから述べるとおり、スピリチュアルな浮遊感が作中に漂っている。『Pet Sounds』を彷彿する「At My Most Beautiful」はおそらくエーテル状の構想が招いた必然であろう。制作はパット・マッカーシーでナイジェル・ゴドリッチも参加。

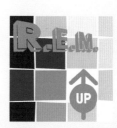

R.E.M.
Up
Warner Bros. /
1998.10

Dinosaur Jr
ダイナソーJr

はじまりは1984年。マサチューセッツのハードコア・バンド、ディープ・ウーンドの同僚だったJ・マスシスとルー・バーロウがドラムのマーフを誘い結成。翌年のファースト『Dinosaur』こそ前身のなごりをとどめるが、ソニック・ユースの肝いりで移籍した〈SST〉からのリリースとなった『You're Living All Over Me』と『Bug』、80年代後半の2作でスタイルを確立するとともに米国オルタナ史に大きな足跡を残した。その一方で、90年代の夜明けをみるころには、ルーがセバドーへの専心を名目に脱退、ダイナソーはJのワンマン体制にじょじょに移行するも97年の『Hand It Over』でいったん休眠、Jとルーの確執が解けた2005年にトリオ編成で再スタートし、2021年に12枚目のアルバム『Sweep It Into Space』をリリースしている。

文=松村正人、澤田祐介

at The Granada Theater in Dallas, 2009. photo by Neff Conner (CC BY 2.0)

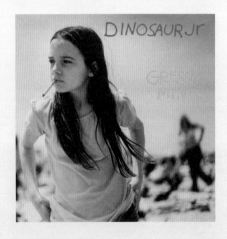

メジャー傘下に移った4作目。ルーは去り、マーフは残ったが3曲の参加にとどまり、ドン・フレミングらガムボール勢が散発的に加わるものの実質はJのソロにちかい。濁ったファズ・ギターと清明なメロディライン、鼻歌めいた歌唱と、歌以上に歌いまくるギター・ソロといった個々の要素は前作の延長線上だが、ノイズぎりぎりまで歪みきったギターや宅録めいた歪なバランス感覚といった前作までの特異さはひかえめに、クリーンな音色や幅広い編曲で新機軸も打ち出していく。「Puke + Cry」や「How'd You Pin That One On Me」など、Jのドタバタしたドラムスが全体をリードする楽曲もふくめ、新時代の幕開けをボソボソと呟くかのよう。

Dinosaur Jr
Green Mind
Sire / 1991.2

Dinosaur Jr

初期のような疾走感のある楽曲よりもエモーショナ
ルな轟音ギター・ソロの比重が多くなり、「Get Me」
のような枯れた味わいのミディアムテンポの曲が増
えソングライティングの幅も広がった名曲づくしの
メジャー2作目。ぶっきらぼうな濁声に放り込まれ
る素っ頓狂なファルセットのミスマッチがぐっとく
る「Start Choppin'」「What Else Is New?」など J
・マスシスの歌い方にも変化が。(澤田)

Dinosaur Jr
Where You
Been
Sire / 1993.2

J・マスシスのソロのような状態だった時期だがセ
ールス的に最も成功したメジャー3作目。都会のど
真ん中をゴルフ・カートで暴走するMVが最高な
「Feel The Pain」、ダイナソー史上最もポップな「I
Don't Think So」、初期に通じる疾走感のある殺伐
とした轟音ギターが炸裂する「Grab It」、ニール・
ヤングに通じる泣きのフォーク・ロックまで初期か
ら中期までの集大成となる傑作。(澤田)

Dinosaur Jr
Without A
Sound
Sire / 1994.8

『Without A Sound』リリース後、轟音ギターをアコ
ギに持ち換え小さなライヴハウス中心に回ったソロ
・アコースティック・ツアーの模様を収めたライヴ
盤。ダイナソーの楽曲だけでなくスミスの「心に茨
を持つ少年」をはじめ意外な選曲のカヴァーも複数
収録。レーベルとの契約消化のためにリリースされ
た意味合いもなくはないと思うが、J・マスシスの
ギターの上手さとメロディ・センスが再確認できる
作品だ。(澤田)

J Mascis
Martin & Me
Reprise / 1996.4

ケヴィン・シールズを制作に招き、ファズ・ギタ
ーの東西両横綱そろい踏みとなった7作目。MVB
のフロントがコーラスで参加した冒頭の「I Don't
Think」からいささか夢見心地で、その傾向は「Can't
We Move This」や「Loaded」でも、ダイナソー節
の隠し味になっている。ニール・ヤングを想起する
折り返しのヘヴィ・ブルース「Alone」の題名どおり、
Jひとりになったダイナソーはこの後10年間の休眠
状態に入る。

Dinosaur Jr
Hand It Over
Sire / 1997.3

Fishbone
The Reality
Of My
Surroundings
Columbia / 1991.4

「史上もっとも過小評価された」の枕詞がつきもの
のミクスチャー・バンドのメジャー3作目で、88年
の『Truth And Soul』で培ったごった煮感覚を全面
的に展開。表題こそ身辺雑記風だが、「もし私が○
○だったら」と題したインタールードやライヴ音源
もおりまぜた楽曲が描くのはサーカスもかくやと思
わせる酔狂な場面ばかり。スカからメタルまで横断
する自身の大道芸的な資質を投影するかのようなバ
ンド史上最高のコンセプト作。

Jello Biafra & Nomeansno
The Sky Is
Falling And
I Want My
Mommy
Alternative
Tentacles / 1991.7

D・ケネディーズのビアフラがさまざまなバンド
にお呼ばれする企画の2作目で、89年のカナダの
D.O.A.との合作につづく本作ではその後継者で
もある同郷のノーミーンズノーと邂逅。ともに
〈Alternative Tentacles〉所属で、いわばレーベル内
企画だが、気やすさとも無縁に、ライト兄弟を中心
とするシャープなアンサンブルで飛ばしていく。変
則的な「Bruce's Diary」が耳を惹くが、「Jesus Was
A Terrorist」というのもすごい。

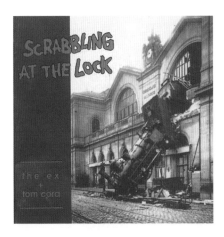

オランダのアナーコ・パンクスと、フレッド・フリ
スとのスケルトン・クルーや、サム・ベネットとの
デュオに客演を招く形式の即興アンサンブル、サー
ド・パーソンなどで国境とジャンルとを股にかけた
ヴァージニア出身の前衛チェリストの合作作。チェ
ロというロック・バンドではとりまわしのむずかし
い楽器を中心にすえることで、ささくれだったオル
タナティヴなポストパンクにキャバレー音楽まがい
のいかがわしさとなまめかしさを加味している。数
本のチェロを重ねた「Hidegen Fujnak a Szelek」な
ど、一曲ごとに稠密な構想をあみあげることで、前
人未踏の境地にいたったが、無情にもコラは98年、
44歳の若さでメラノーマにより世を去った。

The Ex + Tom Cora
Scrabbling At The Lock
Rec Rec / 1991.8

ストレンジなダンディズムとダルな語り口でゴチックな世界像を現出させる2弦ベースとバリトンサックスとドラムスによるマサチューセッツのトリオ。ギタリストを欠く編成で一枚もつのかというおおかたの予想を逆手にとるかのように、和声感の希薄な空間で調性の曖昧な旋律が気ままにいきかっている。マーク・サンドマンのバリトンの声域と不条理感をただよわせる歌詞もふくめ、90年代のくぐもった空気を密封するかのようなファースト。

Morphine
Good
Accurate Distortion
/ 1992.9

アメリカ志向のティーネイジ・ファンクラブの「Everything Flows」を、もろブリティッシュな先行シングル「Ash & Earth」のカップリングで間を置かずカヴァーし、自身は英国の〈Creation〉との契約をとりつけたプロヴィデンスのトリオ。1枚目はマシュー・スウィートがプロデュース。のっけからタンバリンを打ち鳴らすギター・ポップ流儀で、ジャングリーなギターやキラキラしたコーラスなど、どこからでも何度でも聴ける。

Velvet Crush
In the Presence
of Greatness
Creation Records /
1991.10

AIC、ニルヴァーナ、パール・ジャムらとともにグランジ四天王の異名をとる面々で先陣を切ったのはじつは彼ら。2017年に52歳で自死したクリス・コーネルを中心としたサウンドガーデンは〈SST〉からの88年の『Ultra Mega OK』、〈Sub Pop〉のEP群、メジャーに移り〈A&M〉からの2作目の『Louder Than Love』で地ならしをすませ、90年代の最初のアルバムとなる本作は3作目。前作まで複数の収録曲を手がけていたヒロ・ヤマモトが去り、ベン・シェパードが加入したことで、バンド終焉までつづく布陣が完成、同時にクリスのカラーがにじみだし、構成と編曲にたいする方法的な志向を強めたぶん、細部のシュールさはときに現代詩を読むような感覚におそわれる。

Soundgarden
Badmotorfinger
A&M / 1991.10

Red Hot Chili Peppers

レッド・ホット・チリ・ペッパーズ

いまや押しも押されもしないアメリカン・ロックの大看板、レッチリことレッド・ホット・チリ・ペッパーズも1983年のデビュー時はアクのつよさを売りにする一介のオルタナティヴ・バンドにすぎなかった――というと語弊があるが、ラップ風のフローも繰り出すヴォーカルと腰の座ったファンク・ベースはギター・ロックに慣れた耳には衝撃的で、日本デビュー作となる87年の3作目『The Uplift Mofo Party Plan』でさえなお、1曲目をラジオで聴いた中学生の私をして家中をうろつかせしめるほどだったのである。むろんその下地はジョージ・クリントンのプロデュースによる2年前の2作目『Freaky Styley』にあり、3作目でその果実はすでに実りつつあったのだが。収穫期にあたる90年代こそ、レッチリの黄金期といえるであろう。

文=松村正人、澤田裕介

Red Hot Chili Peppers 'The Adventures Of Rain Dance Maggie' (Warner Bros. Records / 2011)

ディケイドを二度跨ぎ10作目『I'm With You』までつづくリック・ルービンとの初タッグにして衆目の一致するところの最高傑作。70分強というCDの収録時間ぎりぎりまでつめこんだ全17曲は冗漫さとは無縁の充実ぶりでバンドの多面性を打ち出していく。「Breaking The Girl」「I Could Have Lied」、代表曲「Under The Bridge」のアコースティックなアレンジはやんちゃぶりが目立つ彼らの内省と、フォーキーなソングライティングセンスに注意を促し、空間を活かした音づくりは引き算のファンクをバンドの語法の内に蓄えさせた。飛躍的な成長を果たしたバンドは進撃モードに入るが、ツアー先の日本でフルシアンテが不意に脱走してしまう。

Red Hot Chili Peppers
Blood Sugar Sex Magik
Warner Bros. / 1991.9

Red Hot Chili Peppers

バンドの精神的支柱H・スロヴァックを失い、J・アイアンズの脱退でできた穴を新加入のJ・フルシアンテとC・スミスが補う4作目。ただし完成まで制作陣との衝突が絶えず難産だったという。一聴してハードロック調のギターに耳がいくが、サウンドに署名を施すのはフリーのベースであり、ハイファイな録音は個々の記名性を際立たせる。スティーヴィの「Higher Ground」、ジミヘンの「Fire」（演奏は旧布陣）のカヴァーも効いている。

Red Hot Chili Peppers
Mother's Milk
EMI USA / 1989.8

92年のバンド離脱後、没頭していたという宅録音源を編んだフルシアンテのソロ第一弾。弾き語りベースの「Niandra LaDe」とギターによる音響実験の興趣もある「Usually Just A T-Shirt」の2作の合作ゆえ木に竹を接ぐがごとき違和感もおぼえるが、形式のいかんによらず音響空間を自身の色にそめあげる手腕は見事。ザッパやビーフハートらフリークアウターたちの系譜を継ぎながら美しい曲を書いてしまう才能の片鱗を収めている。

John Frusciante
Niandra LaDes And Usually Just A TShirt
American Recordings / 1994.11

ジョン・フルシアンテ脱退中、元ジェーンズ・アディクションのデイヴ・ナヴァロが参加した唯一の作品。ジョンが復帰した後は本作の曲はライヴで演奏されることなく黒歴史（ジョンはこのアルバムを聴いたこともないそう……）のような扱いになっているが、もう一枚くらいこの布陣で作ったアルバムも聴いてみたかった人も多いはず。何本ものギターを重ねた催眠的でダークな雰囲気をもつ「Warped」はRHCP屈指の名曲。（澤田）

Red Hot Chili Peppers
One Hot Minute
Warner Bros. / 1995.9

フルシアンテ出戻りの7作目。「Scar Tissue」「Otherside」など、シングル曲の滋味がなんといっても耳につく。アンソニーの歌唱力、表現力の高まりとバンド側の当意即妙な演奏力で一体感を醸しつつ、コベインの名を歌い込んだ「Californication」の歌詞のメタフィジックな構造やフックのあるアレンジもふくめ、全体的にひと皮剝けた印象。『Blood Sugar〜』と並び立つ代表作であり、バンド最大のヒットを記録したのもむべなるかな。

Red Hot Chili Peppers
Californication
Warner Bros. / 1999.6

Nirvana
ニルヴァーナ

ワシントン州アヴァディーンで、カート・コベインがクリス・ノヴォセリックを誘ったのがバンドのはじまり。87年のことで、すぐさまバンドはドラマーを加えトリオ編成をとるが、ふたり以外は流動的で、デイヴ・グロールにおちついたのは91年の2作目『Never Mind』時。他方激しさのなかにポップさをひそませたカートの書法は1作目『Bleach』の時点で実を結んでおり、次作の超ヒットは時流と収穫期が重なった印象も。むろんそれこそがポップ・カルチャーの要諦であり、彼らは90年代のおける一大潮流としてのグランジ・ブームの牽引車でもあったが、カートにとってグランジの語義は汚さやだらしなさよりも普段着の着飾らなさだった。6年あまりの活動期間で3枚のアルバムをのこし94年4月のコベインの自死でバンドは終焉をむかえ、デイヴはフー・ファイターズへ、クリスは間遠ながら音楽活動をつづけているようである。

文＝松村正人

Nirvana 'Hormoaning (Exclusive Australian '92 Tour EP)' (DGC, Geffen Records / 1992)

Nirvana
Bleach
Sub Pop / 1989.6

彼らのデビュー作が89年であることの意味はきわめて大きい。その年のはじめ日本では天皇が崩御し暮れにはベルリンで壁が崩れた。本作が出たのはおりかえし地点となる6月、ものの本にはチャートアクションはかんばしくなかったとあるが、のちの狂騒をふまえた弁であろう。本作をフェイヴァリットにあげるファンも少なくない。大半の曲でチャド・チャニングがドラムを叩くなど体制もいまだ整っておらず、ジャック・エンディーノの音も初期グランジの典型を出ないが、カート節の「About A Girl」、ベースがエキゾチックな「Love Buzz」、身を焦がす自身に燃料をくべつづけるようなB面の諸作など、楽曲はツブぞろい。

Nirvana

「Smells Like〜」は一世一代の名曲だがオープナーをつとめるにはそれにふさわしいアレンジたらねばならず、その点で新加入のデイヴ・グロールのシンプルそうで意外に難物なイントロのリズムパターンこそ、90年代のファンファーレだったのかもしれない。それにつづくファズ・ギターと抑制的な中間部、2作目でのカートの書法には落差を強調する側面があり、5分ほどのこの曲がそれを集約する。これが「Breed」ならまたちがう顔つきだっただろうし「Lithium」もしかり。私がシャワーを浴びるごとく、聴きすぎてこの並び以外ありえなくなったのか。そんなアルバムがこんごあらわれるのか。そのような言葉が口を突く最後の時代を象徴する一作。

Nirvana
Never Mind
DGC / Sub Pop / 1991.9

箍が外れたような前作のヒットでできあがったパブリック・イメージとの齟齬に悩み原点回帰をはかった3作目。駆け込み寺となったのはアルビニで、彼の署名を刻み込んだサウンドは、ハードとポップの落差をくるみこもうとした前作を手がけたブッチ・ヴィグ路線とはことなる硬質さをもち、自嘲気味の自己言及をふくんだ作品性をきわだたせてもいる。「Rape Me」や「All Apologies」も料理のしようでは耳なじみのよい曲になったのに、そうしないところにカート・コベインのかぎりない両義性がある。『Bleach』のころは「Paper Cuts」みたいなので一枚つくればいいのにと思ったこともあったが、そのためにはなにかを犠牲にする必要があった。

Nirvana
In Utero
DGC / Sub Pop / 1993.9

Nirvana

Nirvana
Incesticide
DGC / 1992.12

インディ時代のシングル、未発表曲中心のコンピ。「Dive」「Sliver」など、移籍で宙ぶらりんになっていた曲がまとまって聴けるのと、ディーヴォやヴァセリンズをコンパクトかつパンキッシュにして舞台にかけているのに好感がもてるのと、テンポアップした「Polly」あたりがポイントか。演奏はラフだしアイデアも未消化だが、蕪雑さをひとなつこさ転化するバンドだったのだなあ、との感慨も。「Aero Zeppelin」にはヘナヘナとなるが。

William S. Burroughs / Kurt Cobain
The "Priest" They Called Him
Tim/Kerr Records / 1993

クレジットをみるとバロウズの朗読にカートが後でギターをかぶせているので場と時間を共有したわけはなさそう。80年代後半から90年代初頭はこのビートの聖人がリヴァイヴァルした時季でもあり、あのハル・ウィルナーが手がけたアルバムなど、賛否はおくがカリスマを重宝する風潮があった。こちらはクリスマスをモチーフにした10分足らずの朗読＋ノイズによる片面10インチ。情景を描写するようなカートの演奏がバロウズへの畏敬の念を感じさせる。

Nirvana
MTV Unplugged In New York
DGC / 1994.11

やかましいロックやギミックの多いポップスなど、ふだんなじみのない演者にあえてアコースティック（といっても半分電化が多い）セットで演奏してもらうという主旨のMTVの人気企画へ出演時のライヴ音源。ボウイの「世界を売った男」をはじめ選曲はカヴァーも多く、あえてハズしにかかっているようだが、元ジャームスのパット・スメアらをサポートに、ときに楽器をもちかえつつ淡々とすすむ演奏には彼らの静の部分が凝縮するようで味わい深い。

Kurt Cobain
Montage Of Heck: The Home Recordings
Universal Music Group / 2015

同名ドキュメンタリー映画のサウンドトラックとして宅録を編んだ没後編集盤。エキセントリックな弾き語りとプライベートテープらしい素朴な音響実験、語りや詩作の朗読と思しきトラックなど、寄せ集めの内容から熱心なファン向けではあるのだろうが、「Something In The Way」「Sappy」など耳になじんだ楽曲のぶっきらぼうな演奏にはかえってハッとさせられるし、デタラメをやってもポップになってしまうのは業というか性というか。

公式HPによれば、SexuaとLmilとKshakeからなる
トリオに4名のメンバーが加わったヴァージニアの
集団による唯一のアルバム。ガレージ・バンドが練
習のために籠もっていた自宅の車庫にカーニバルの
隊列が次々と闖入し、のっとられたあげく国家とし
て独立してしまったような、壮大なのか狭小なのか
わかりかねる世界が現出。トライバルであるととも
にスペーシーでもあるが、ガレージ・パンクの展開
としてはきわめて批評的で、なによりアイデア豊富。

**Sexual
Milkshake**
Sing-A-Long in
Hebrew
Teenbeat / 1992

米英ライオット・ガールが背中合わせ。レコードの
片面をわけあうスプリット盤は知らないバンドの音
に接するまたとない機会だったのにスキップ可能な
CDが主流になり下火に。同時に情報は質より量の
時代に移ったが、制約や貧しさが表現の動機になる
のはジン文化と同じ。もっといえば音楽とて同じで
あり、その主戦場ともいえるインディ～オルタナ界
隈でビキニ・キルらが牽引した90年代初頭の潮流
に光があたるのは至極当然。マジョリティの無意識
の特権をユーモアをこめて剔り出す「White Boy」
にはじまるビキニ・キル面、ヴァレンタインに全力
で対抗する「February 14」で終わるハギー・ベア面、
そのささくれだったかっこよさにいまこそ耳を傾け
たい。

Bikini Kill / Huggy Bear
Yeah Yeah Yeah Yeah / Our
Troubled Youth
Kill Rock Stars / 1992

爆発したメジャー2作目。あるいは暴発というべき
か。邦題を「俗悪」というグルーヴ・メタルの聖典
で特記すべきは、トリッキーな音づかいを絡めたリ
フワークと、デジタルなベースドラムの音（メタリ
カの4作目の援用ともとれるが）を中心にした空間
設定とフィル・アンセルモの成長だろう。一分の隙
もなく音を敷きつめているかにみえて「Walk」の
ソロ裏にサイドギターを重ねないことでグルーヴを
浮き彫りにするなど、方法論も多彩。

Pantera
Vulgar Display
Of Power
ATCO / 1992.2

Phish
A Picture Of Nectar
Elektra / 1992.2

学生気分がのこっていた前作からメジャーに移った3作目はセトリのような曲順で持ち味であるダイナミズムを強調しつつ、ジャズやブルーグラス、クワイア風のハーモニーからファンクベースのジャムまで、懐の深さを開陳。レゲエとプログレのブレンド「Guelah Papyrus」、泥臭い「Tweezer」、定番の「Chalkdust Torture」など、ノリとトリッキーさを案配しつつ90年代流のフュージョンを展開。ネクターは地元のハコの店長の名。

Rollins Band
The End Of Silence
Imago / 1992.2

元ブラック・フラッグのヘンリー・ロリンズのリーダーバンドで背中のタトゥーを象った絵柄をカヴァーに使用。ハードコアよりヘヴィロックにちかいサウンドで、当時マイルスやキング・クリムゾンがバンド内の共通言語だったと発言していたとおりのハードさと構築への意志が同居する秀作。町田町蔵のINUにたいする北澤組のあり方と重なる——といっても混乱を招くだけだろうか。エンジニアを含む布陣が独自の響きに実を結んだ。

The Disposable Heroes Of Hiphoprisy
Hypocrisy Is the Greatest Luxury
4th & Broadway / 1992.3

元ビーティングスのマイケル・フランティとロノ・ツェとのヒップホップ・デュオ。とはいえ90年代初頭を牽引したドレーらGファンク勢のドープさとは真逆のコラージュ風ブレイクビーツで実験的な領域に踏み込んでいく。のちにスピアヘッドを結成するフランティのラップはもっさり目だが、人種問題、同性愛嫌悪やマスメディア批判など多岐にわたる歌詞はいまなお問題提起的。チャーリー・ハンターのジャズ・ギターをバックにしたリーディング風の「Music And Politics」、古巣オルタナティヴ・テンタクルズの領袖ビアフラの持ち歌「California Über Alles」のリメイクなどが白眉。ツェがグラインダーで火花を散らすパフォーマンスも売りだった。

のちに映画監としても活動するロブ・ゾンビひきいるグループのメジャー作で『エクソシスト』にひっかけたいかがわしさたっぷりのタイトルから見世物小屋路線まっしぐらのようでいて中身はグルーヴィなハードロック。いがらっぽい声と埃っぽい演奏もあいまってスラッジ的なニュアンスもある。ギターウルフみたいなネーミングセンスの「Thunder Kiss '65」、「Black Sunshine」にはショック・ロックの先達イギー・ポップが参加。

White Zombie
La Sexorcisto:
Devil Music
Vol. 1
Geffen / 1992.3

彼女たちにとってのメジャー・デビューにあたる本作3rdは、オルタナの祖とも言えるオノ・ヨーコのスクリームをフィーチャーした「Wargasm」で幕を開ける。ヘヴィなリフと緩急でメタルとパンクを行き来する軽やかさがあり、はちゃめちゃな女子校のようなキュートな親しみやすさと過激なパフォーマンスで世界中に熱狂的なファンベースが広がった。のちにCSSがカバーした「Pretend We're Dead」も収録。(岩渕)

L7
Bricks Are
Heavy
Slash / 1992.4

デビュー作の500万枚を超える大ヒットで一躍ときのひととなり、真価を問う声が方々であがるなかでの2作目。対するバンド側はサイド・ギターをチェンジし、オルガニストを加えることでサウンドを多様化、女声コーラスも登場する冒頭の「Sting Me」から新章の幕開けを期する決意にあふれている。フォーキーなグッドタイム・ミュージック「Thorn In My Pride」、ジミの「Little Wing」っぽい「Bad Luck Blue Eyes Goodbye」、山下洋輔流にいえばドシャメシャな「Sometimes Salvation」、ボブ・マーリーの肩の力の抜けたカヴァーなど、シングル集の趣きだった前作より曲に較べると記名度は劣るが、アイデアははるかに豊富。

The Black Crowes
The Southern Harmony And
Musical Companion
American Recordings / 1992.5

Helmet
Meantime
Interscope / 1992.6

ジャズ、クラシックを学んだペイジ・ハミルトン率いるヘルメットのメジャー進出となったセカンド・アルバム。ザクザクと切り刻むスラッシーな重いギターリフがテンポを落としたグルーヴィなリズム隊と絡み、屈強なヘヴィネスを叩きつける。サウンドアプローチは当時のニューヨーク・ハードコアに近いが、一筋縄ではいかないミクスチャー感覚があり、次作ではジャズ・スタンダードのカヴァーやカントリー風のナンバーも展開。（寺町）

Half Japanese
Fire in the Sky
Safe House / 1992.6

パンク、オルタナ、ローファイなどと色々なジャンル名を引き合いに説明されたところで、そのどれにもいまいちピンと来ないままUSインディ音楽史の未解決事案として現在まで至っている感のあるこのバンド……というよりもジャド・フェアという人の音楽。今改めて聴き直せば、ヘタウマという言葉がしっくりくる。無論、奔放にポップだ。まず初めにジャドの歌があり、それを曲にしていく工程はアルバムごとに入れ替わるメンバーたちの担うところが大きいのだろうが、モー・タッカーがプロデュースを務めた本作では、VUの非公式レーベルを運営する人物を介して知り合ったというジョン・スラゲットがギター、ピアノ、ベース、コーラスを担当する活躍ぶり。（倉持）

Lemonheads
It's A Shame About Ray
Atlantic / 1992.6

4作目を期に人的、音楽的な整理をおこなったことでイヴァン・ダンドのポップセンスが開花。5作目となる本作はパンクっぽさを残しながらもギターポップに焦点を絞り珠玉のソングブックに仕上がった。エヴァーグリーンな表題曲、「Alison's Starting To Happen」の疾走感、前作でグラム・パーソンズをカヴァーしていた彼ららしいカントリー風味の「Hannah & Gabi」など。再発盤には「Mrs. Robinson」のカヴァーを収録。

パール・ジャムのドキュメンタリーを手がけるなど、グランジ・シーンともかかわりの深いキャメロン・クロウが聖地シアトルを舞台に男女のすれちがいを描くラブコメのサントラ。映画は恰好のわりにギターの構えがなっていないマット・ディロンに興ざめだったが、AICからサウンドガーデン、マッドハニーにもちろんパール・ジャムと、選曲は押さえるところを押さえている。リプレイスメンツのP・ウェスターバーグが要所をしめるのも良。

Various Artists
Singles〜
Original
Motion Picture
Soundtrack
Epic / 1992.6

コロナ禍のオリンピックの出鱈目を経て、最新型の侵略戦争を連日モニター越しに見せられ続けている現在、ことに都市部の生活者にはやけっぱちな感情の抑制を伴う自主自律の精神が課せられている。今や音楽はタコツボの底のひび割れから漏れ出したような無数の小規模なパーティで鳴らされながら異種との交配を夢見ているのだから、現場の無秩序なムードにはEBM〜インダストリアル色が露骨な1st『Twich』の方が良く馴染むとは思うが、代表作と認知されている本作にも、パパ・ブッシュの新世界秩序（N.W.O.）発言の約30年後を生きる我々に効く成分はしっかり含有されている（メタルコーティング済）。突如降臨するギビー・ヘインズの歌声にあなたは何を聴く？（倉持）

Ministry
ΚΕΦΑΛΗΞΘ
Sire / 1992.7

キャット・ビーエランドを中心に結成されたガールズ・バンドによる、メジャーに移籍し最も商業的成功を収めた作品。ベビードールに身を包みブロンドと真っ赤なリップで女性であることをいったん叩きつけた上で自ら偏見をぶち壊すような重厚なパンク・ロックには、サーストン・ムーアも真っ先に反応し本作はリー・ラナルドがプロデュースしている。腐れ縁のコートニー・ラヴもずっと目を見張る存在だった。（岩渕）

**Babes In
Toyland**
Fontanelle
Reprise / 1992.8

Alice In Chains
Dirt
Columbia / 1992.9

幕開けの「Them Bones」はキーがC♯で調弦はおそらくレギュラーの一音半下げ。ブラック・サバスを嚆矢とする重さを強調してあまりある手法をもってAICはグランジとハードロックの通底器の役割をはたし、90年代のメタリックな感性もひきうけた。エレキとアコースティック、轟音と叙情性、ときに効果音風のサウンドも響かせるなど、カントレルのギターがことのほか冴え、ステイリーの自己陶酔型の歌唱と絶妙な均衡をたもっている。

Blind Melon
Blind Melon
Capitol / 1992.9

シャノン・フーンのふにゃふにゃしてるけど何かが憑依しているかのような凄みのある独得の歌唱方法に、自由に絡み合う2本のギター。ジャム・セッションを重ね、曲を磨き上げていったと思われるバンド・アンサンブルが素晴らしいデビュー作。ヒット曲「No Rain」は最高の名曲だけどツェッペリンやグレイトフル・デッドを軽やかに消化したジャム・バンドの先駆けともいえるインタープレイこそがこのバンドの魅力。（澤田）

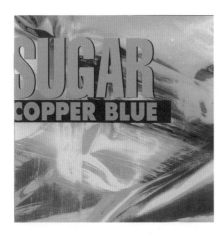

Sugar
Copper Blue
Rykodisc / 1992.12

自壊したかのようなハスカー・ドゥの解散劇から2枚のソロ作をへてボブ・モールドがスタートしたトリオはCMJ受けしそうなインディ・ロック。オープナー「The Act We Act」は冒頭こそ重々しいがポップなソングラインがすぐに顔をのぞかせ、ピクシーズを意識した次曲では昔とった杵柄とばかり騒々しいギターを堂々とかき鳴らす。モールドのやや鼻にかかった歌唱と「Helpless」「If I Can't Change Your Mind」などのカラフルさが鮮烈だが、白眉はエイズがエイズと呼ばれる以前の俗称を表題にした「The Slim」の直立するような悲痛さか。HDのもうひとりのソングライター、グラント・ハートのノヴァ・モブが前年に出したファーストも秀作。

タイトルは前年〈Creation〉から出たヴェルヴェット・クラッシュの1作目をあてこすったものらしい。幾分かは自虐も入っているかも。というのも本作も『Loveless』にその何割かを負っており、その残響からは逃れようもないから。その一方で、「雪」を主題に音による情景描写を試みるような楽曲にはカート・ヒーズリーの才能が凝っており、ダイナソー風から60年のガレージ・サイケまで、腰がすわらなくても長持ちする秘訣をみた気も。

Lilys

In The
Presence Of
Nothing

Slumberland /
1992.9

〈Creation〉と契約した初の米国バンドにしてマイブラへの回答というのがおおよその世評か。とまれシューゲイザーの語からこぼれる余剰こそ彼らの醍醐味。端的には首謀者ブラッド・ラナーのたぐいまれな批評性はその核であり、数多いるフォロワーと一線を画すポイントでもある。結果生まれたサウンドはおそるべき階調のノイズがあたりを覆うも、その内側では間断なく実験をくりひろげられており、マイブラほど夢見がちではない。

Medicine

Shot Forth Self
Living

Creation / 1992.9

90年代初頭ブリーダーズらとともにレーベルを支えたスロウコアの先達のファースト。中心人物マーク・コズレックの舞台の上と下とを問わない問題行動、ことに性的問題は看過できないが、いたずらに遡行的に評するのも本意ではない。読者には90年代の現実としてのぞんでいただければ、デモを整えただけのやせほそって寂しげなサウンドにあって、「Medicine Bottle」の歌い出しで空気の色が変わるのがおわかりいただけるだろうか。

**Red House
Painters**

Down Colorful
Hill

4AD / 1992.9

アルバム・タイトルのハリウッドはLAではなくミネソタ州にある町名から。オルタナティヴ・カントリー・ムーヴメントに先んじて登場した、中西部らしいいなたさを持ったバンドのメジャー・デビュー作だ。滋味がしみ出す70年代風のカントリー・ロックを軸に、よく歌うギターとツイン・ヴォーカルによるビターなメロディで酔わせる。このささやかなアメリカーナは、ヒットには恵まれずとも現在も再発見されている。（木津）

The Jayhawks

Hollywood
Town Hall

American Recording
/ 1992.9

Jesus Lizard
Liar
Touch And Go /
1992.10

金属的ギター・リフとデヴィッド・ヨウのカリスマティックな狂気のヴォーカルが、アルビニ仕事らしく削ぎ落とされたタイトなドラムとベースの反復で構築されストイックな美学を確立している。また彼らの躍進と90年代に〈Touch And Go〉が確固たる地位を築いていったことは相互に関係が深く、本作収録の「Puss」が時代の寵児であったニルヴァーナとのスプリット・シングルとしてリリースされたことも大きな出来事だった。（岩渕）

Luscious Jackson
In Search Of Manny
Grand Royal / 1992

〈Grand Royal〉の栄えあるカタログ番号1番を飾った女性4人組のデビューEPだが、じっさいはジルとギャビーが制作したデモに、ビースティ人脈からケイトとヴィヴィアンのキャリア組が加わりバンドを体裁を整えたのち吹き込んだ新曲を合わせて一枚に。ヒップホップとパンクに種々雑多な要素を接ぎ木するスタイルはすでにできあがっているが、後年のほどこなれていないせいで、かえってオルタナっぽいぶっきらぼうさをかもしている。

Urge Overkill
Stull
Touch And Go /
1992.10

エンジニアとしてはまだかけだしだったアルビニが録ったシングルで86年にデビューして以降、スタイルを乗り換えながら90年代初頭には「パンクとアリーナ・ロックのストーンズ風の融合」の形容を戴いていたケイトーとキング・ローザーを軸とするシカゴのロック・コンボを〈Shimmy〉のクレイマーが共同プロデュース。注目はやはりタランティーノの『パルプ・フィクション』でながれたニール・ダイヤモンドの退廃的なカヴァー。10インチ。

Sleep
Sleep's Holy Mountain
Earache / 1992.11

カイアスと並ぶドゥーム・メタル／ストーナー・メタルの最重要バンドによる2作目（カヴァー・アートには麻の葉があしらわれている）。ブラック・サバスの意志を純度の高いまま引き継ぎ、遅く長く引き延ばしてぐずぐずに煮詰めた陶酔的なサウンドは同ジャンルの基礎を築いた。短い「Some Grass」がブルースである点にも注目。スリープは2018年に『The Sciences』で復帰したことも話題に。（天野）

2019年の二度目の再結成宣言後、2022年現在も旺盛なライヴ活動をおこなうRATMがいまから20年前に打って出たファースト。リリースはレッチリの『Blood Sugar〜』の翌年で、ファンク・メタルは爛熟期にさしかかりつつあり世はグランジ一色。そのような状況下に投下した本作はサウンド面ではトム・モレロのエフェクティヴなプレイが耳に残り、言葉の面では鋭いリズムにのせたザック・デ・ラ・ロッチャのポリティカルな歌詞が聴覚につきささる一枚になった。とりわけ「Killing In The Name」と「Freedom」、後者は少数者の自由を、領土を拡張するような展開で象徴し、前者はBLMにおけるポリス・ブルタリティへの抵抗歌とみなされた。

Rage Against The Machine
Rage Against The Machine
Epic Associated / 1992.11

日本ではロウファイの名の下で空費された観があるが、シャロンとクレイグを両輪に90年代初頭のクィアコア・シーンでも存在感をしめしたゴッドコの初期作で、性同一性障害を思わせる表題は神が副操縦士の地位に退くバンド名の淵源ともなる、そのサウンドはDNAをポップにしたようなノーウェイヴが30曲あまりだが、みなさんが思うほど脱力感はない。キャットパワーをデビューさせた自主レーベル〈The Making Of Americans〉より。

God Is My Co-Pilot
I Am Not This Body
The Making Of Americans / 1992

石造りのように見えてその内部には鉄骨がしっかり組まれているような構造の堅牢さ。角張っている。とにかく堅そうだ。マッチョな思想や表現を好まない筆者は今も昔もメタルにはまったく食指が動かないが、ハードコアがスラッシュメタルを扱うとこうなるというお手本のような、史実通りのNYクロスオーヴァーを今改めて聴き直してみれば、トリオ編成による律動的なリフ主体の音楽だからこそ作り出せるミニマムなグルーヴは悪くないですね。（倉持）

Prong
Cleansing
Epic / 1993.1

Kramer

クレイマー

Kramer 'The Brill Building' (Tzadik / 2012)

1970年代末、デヴィッド・アレンのNew York Gong のメンバーとして活動。ユージン・チャドボーンとともにショッカビリーを結成。1987年にレーベル、〈Shimmy-Disc〉を設立。同時期にアン・マグナソンとのバンド、ボングウォーターを結成。ドン・フレミングらとB.A.L.L.のメンバーとしても活動。ニューヨークの即興シーンから登場し、ある意味80〜90年代にかけてアンダーグラウンドの立役者として、多くのミュージシャンとの協働。プロデューサーとしてギャラクシー500、デーモン＆ナオミ、ダニエル・ジョンストン、アージ・オーヴァーキルなどを手がけた。

文＝畠中実、松村正人

Kramer
The Guilt Trip
Shimmy Disc / 1992

CD2枚組、LPだと3枚組（それでジャケットが『All Things Must Pass』オマージュという凝りよう）、全36曲、トータル2時間以上の超大作。クレイマーのヘヴィサイケ・プログレ趣味が全開している。自身のニュージャージーのスタジオで14ヶ月をかけて制作された。いいメロディ、ねじれたポップ、ノイジーで弾きまくるギター、混沌としたテープ・コラージュ、すべてがこれでもかと詰め込まれている。全体として90年代前半らしさを感じなくはないが、時代感覚は希薄である。これは、ドラムスとギターのサポートはあるにせよ、ほぼすべての楽器を演奏して作り上げられた、完全にして濃密なクレイマーの世界である。（畠中）

Kramer

クレイマー、ドン・フレミング、ジェイ・シュピー
ゲル、デヴィッド・リクトの4人によって1987年
に結成されたB.A.L.L.は、混沌としたハード・サ
イケを演奏する、まさにオルタナティヴなグルー
プだった。クレイマーがプロデュースし、自身の
〈Shimmy Disc〉からリリースされている。LPでは、
A面が「Hardball」、B面が「B.A.L.L. Four」とな
っている。本作はバンドの最後の作品となった。（畠
中）

B.A.L.L.
B.A.L.L. Four "
Hardball"
Shimmy Disc / 1990

クレイマーと女優でタレントでもあるアン・マグナ
ソンのユニット。その方法論は後者のパフォーマ
ティヴなアイデアや存在感から前者が音を導くと
いえばいいか。3作目の本作はあられもない表題の
下、妄想まがいの展開をみせるが、場末感ただよう
ロックを中心にアイデア豊富なサウンドは趣向を凝
らしたラジオ・ドラマのようで下品さをおぼえない。
10分弱の終曲「Folk Song」にいたっては長編映画
を見終えた気分に。

Bongwater
The Power Of
Pussy
Shimmy Disc /
1990.11

冒頭、ロバート・ワイアットのヴォーカルによる
美しいメロディを持った「Free Will & Testament」
がすばらしい。デヴィッド・アレンや、ソフト・マ
シーンのベーシストとしても活動したホッパーとの
共演作品。ノイジーなファズがソフツを彷彿とさせ
る。New York Gongのビル・ベーコン、ゲイリー
・ウインドが参加。佳曲が多く、ビートルズの「恋
を抱きしめよう」のラーガ・ロック風カヴァーあり。
（畠中）

**Hugh Hopper
& Kramer**
Remark Hugh
Made
Shimmy Disc / 1994

ニューヨーク・ゴングのメンバーでもあったクレイ
マーとデヴィッド・アレンがひさびさに再会して制
作したアルバム。主役はアレンという感じだが、ニ
ューヨーク・ゴングを思わせながら、70年代プロ
グレ風の楽曲とアレンのサイケデリックな歌曲がバ
ランスよく配置され、両者の相性の良さが際立って
いる。マルチ・インストゥメンタリストとしてのク
レイマーのサウンド・プロダクションが遺憾なく発
揮されている。（畠中）

**Daevid Allen &
Kramer**
Who's Afraid?
Shimmy Disc / 1992

Jellyfish
Spilt Milk
Charisma / 1993.2

マニングの兄と旧友のフォークナーが抜け、スター
マーとの双頭体制に戻った2作目はビーチ・ボーイ
ズ風多重コーラスで幕を開け、ブライアン・メイを
想起するギターがこだまするころには曲名どおりの
「Joining A Fan Club」状態に。先達の知恵を大胆に
もちい虚構のきわみを幻出させようとの気概は前作
をひきつぐが、デュオ体制ゆえバンド的なダイナミ
ズムより細部のつくりこみがきわだっている。無垢
なこどもとスタジオの風景をコラージュしたカヴァー
と、チェンバロやティパニやグロッケンを写した
インナーが作品世界と90年代を如実に表現。その
渋谷系にも通じるセンスを立証するように、スター
マーは初来日後、奥田民生やパフィらに急接近した。

Butthole Surfers
Independent Worm Saloon
Capitol / 1993.3

オルタナがドル箱となってしまった以上、まさかの
バンドがメジャー・レーベルと契約することもある
わけで。その最大のまさかのひとつである本作では、
彼らの持ち味の垂れ流すような露悪的ジャンク・サ
イケがジョン・ポール・ジョーンズのプロデュース
によって毒もヤバさもポップに活かしつつ幅広く訴
求できるようラッピングされ、キャリア総括的なメ
ジャーへのカチコミとなり古参ファンも一緒に悪ノ
リできたはず。(岩渕)

Bratmobile
Pottymouth
Kill Rock Stars / 1993.4

ビキニ・キルとともにライオット・ガールの第一波
に属する。しかしその対決姿勢は際立ち、マッチョ
で男性支配的だったパンク・シーンに匕首を突きつ
ける言葉の数々は怒りに満ちている。本作はランナ
ウェイズ「Cherry Bomb」のカヴァーも収録したデ
ビュー作。演奏はラフでファストだが、B-52'sの遠
戚か『C86』的なトゥイーポップを思わせるフック
やダンスフィールも覗かせる。録音はネイション・
オブ・ユリシーズのティム・グリーン。(天井)

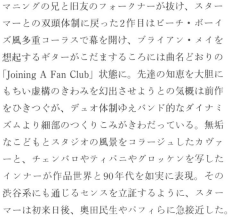

ジェーンズ・アディクション解散後にペリー・ファ
レルとステファン・パーキンスが新たにスタートさ
せたポルノ・フォー・パイロス。ファレルが本来や
りたかったエスニック〜ゴシック・ロックの要素を
多分に含んだ他のミクスチャー・バンドとは一線を
画すサウンドを展開。「Cursed Male」でのファレル
のヴォーカルは何か解き放たれたようなカラフルな
ポップセンスが炸裂したジェーンズ時代では聴けな
かった陽気なナンバー。(寺町)

Porno For Pyros
Porno For Pyros
Warner Bros. / 1993.4

91年にスポークンワードのレコードのリリースか
ら始まった〈KRS〉。ライオット・ガールの牙城的
なイメージも強いが、ビキニ・キルをはじめニルヴ
ァーナやメルヴィンズ、アンワウンド、ネイション
・オブ・ユリシーズ、ジャド・フェアなど参加した
このコンピレーションは、同レーベルが当時のロー
カル／アンダーグラウンドなDIYシーンを繋ぐ重要
な拠点だったことを物語る。ともにUSオルタナテ
ィヴの旗艦を務めた〈K〉と連帯。(天井)

Various Artists
Stars Kill Rock
Kill Rock Stars / 1993.4

3作目はグランジの波が全米を覆っていた時期のも
ので、前作のパワーポップぶりとはうってかわった
ノイジーなギターに往時の趨勢がしのばれる。とま
れストリングフェローとオウアの手になるメロディ
とハーモニーとハードなサウンドのマッチングはす
ばらしく、甘やかな旋律とノイズを同居させるシュ
ーゲイザーさながら、ファズの効いた音響とポップ
なメロディの相乗効果をはかっている。Pro.はドン
・フレミング。卓見というべきであろう。

The Posies
Frosting On The Beater
Geffen / 1993.4

6弦ベースによるほとんど音程をなさないリフが革
新的な「My Name Is Mud」、フレットレスベース
とつっかかるようなギター・フレーズがトリッキー
な「Bob」、スタンダップベースの攻撃的な弓奏と
かそれをささえるドラムのタイトさとか、きわめつ
きの超絶技巧が片田舎を舞台にしたマンガのような
世界観の下でぶつかりあう通算4作目。凡庸なフュ
ージョンやメタルのような名人芸の誇示にとどまら
ない狂気は米国とオルタナの産物。

Primus
Pork Soda
Interscope / 1993.4

Tool
Undertow
Zoo Entertainment /
1993.4

キング・クリムゾンからの影響は知られるが彼らに似たバンドは過去にも現在にもいない。陶酔と暴発を理知的に往来するメイナード・ジェイムズ・キーナンの歌、粘度の高いアダム・ジョーンズのギター、奇数拍子もポリリズムもものともしないダニー・キャリーのドラム、残虐な視覚表現。無比のオルタナティヴ・メタルは前年のEP『Opiate』とこの初作で早くも完成に差し掛かる。ロリンズ・バンドの2人の参加も重要。（天野）

Red House Painters
Red House Painters
4AD / 1993.5

現在の視点からは注記せねばならぬ点が多く、90年代にその淵源があることには考えさせられる。現サン・キル・ムーンのマーク・コズレックは近年、女性ジャーナリストへの性的嫌がらせや女性10名への性交強要等で告発されている。一方稀代のストーリーテラーである彼の歌はスロウコアの重要バンドRHPの中心にあった。くるりへの影響も知られるが、独自の歌世界と音響を持つこの傑作も今は複雑な気持ちで聴くほかない。（天野）

ドン・フレミングが手がけたアージー・オーヴァーキルのEP（p50）の曲名とストーンズの72年作をくっつけた題名は理論武装みたいなものだろうか。そのような前口上とは無関係にデモをもとにしたというデビュー作は音と歌と歌詞と昂揚と怠惰と陰鬱とそのなかの楚々とした美しさが見事な均衡を保っている。プロデュースはブラッド・ウッドとリズ本人で、ほとんどの曲をみずからの手で録れたのがローファイながらエッジの立ったむすびついた。ジャケットの鮮烈さもあいまって同年のPJ ハーヴェイの『Eid Of Me』を連想してしまうが、キースの呪いがかかっているぶん、音はこっちのがぶっきらぼう。十年紀初頭に女性シンガー像に一石を投じた。

Liz Phair
Exile In Guyville
Matador / 1993.6

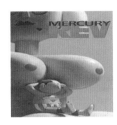

Mercury Rev
Boces
Beggars Banquet /
1993.6

バッファロー大学の教授だったトニー・コンラッド門下の学生によって結成された。浮遊感のあるメロディとノイジーな轟音ギター、ヘヴィな曲調にフルートやメロトロンによるカラフルなアレンジなど、90年代以降の独自のサイケデリック音楽を確立した。本作まではどこかグランジ風でもあるが、10分を超の2曲も聞かせる。2作目にして、オリジナル・メンバーのヴォーカリスト、デヴィッド・ベイカー在籍最後のアルバム。（畠中）

Urge Overkill
Saturation
Geffen Records /
1993.6

〈Touch And Go〉からメジャーに移っての4作目。この手の移籍にはネガティヴな意見がつきものだが、典型的なオルタナ〜インディに較べるとアダルト志向なシカゴのトリオには吉と出たようで、メジャー・プロダクションがケレンミのないスタジアム・ロックに実を結んでいる。枯れた味わいのロック・バラード「Back On Me」や、パンキッシュな「Woman 2 Woman」、グランジーな「The Stalker」など、価値観は古いがサウンドは手堅い。

Juliana Hatfield
Become What You Are
Atlantic / 1993.8

ブレイク・ベイビー〜レモンヘッズ、ソロ・デビュー作『Hey Babe』を経てリリースした、ジュリアナ・ハットフィールド・スリー名義のファースト・アルバム。スマッシュヒットとなった「My Sister」、映画『リアリティ・バイツ』に使われた「Spin The Bottle」などの代表曲を収録。ポップセンス抜群なジュリアナのパンキッシュでいて甘酸っぱくキュートな歌声が全篇にわたってふりまかれている。（寺町）

God Is My Co-Pilot
Straight Not
Outpunk Records /
1993.9

「私たちはセクシズムの言語であるロックをもちいて、ジェンダー・アイデンティティを複雑な条件下におく」と歌う「We Signify」はじめ、演奏も構想もさらにクリアになったゴッドコの4作目は西海岸のクィアコア・レーベルから。中身は自由闊達なポストパンクだが、この布陣にやがてエリオット・シャープやアンソニー・コールマンらNYの異能が出入りしはじめ、音楽性もジェンダーに負けず劣らず複雑な様相を呈することになる。

The Smashing Pumpkins

スマッシング・パンプキンズ

シカゴにてビリー・コーガン（vo/g）を中心に日系3世のジェームス・イハ（g）、紅一点のダーシー（b）、90年代きっての名ドラマー、ジミー・チェンバレン（dr）で結成。サイケでドリーミーなメロディをラウドなギターにのせた静と動のコントラストの効いたダイナミックなサウンドで一躍頭角を表すもデビュー時は他のグランジ・バンドのフォロワー扱いしかされず評価されなかったが、オルタナ史上屈指の名作2ndと3rdで時代を代表するトップバンドへ成長、確固たる地位を築くも次作以降はメンバーの脱退が続き、00年に一度解散。06年に再結成を果たしメンバーの出入りはあるものの現在も精力的な活動を続けている。

文＝澤田裕介

The Smashing Pumpkins "Greatest Hits" (Virgin / 2001)

Smashing Pumpkins
Siamese Dream
Caroline / 1993.7

グランジ・ブームの真っ只中の93年にリリースされ、「Today」の大ヒットでスマパンをニルヴァーナとパール・ジャムと並ぶトップバンドへと一躍押し上げた2nd。開放弦とオクターブ奏法を組みあわせたリフにサイケデリックでドリーミーなメロディがのせられるというビリーのソングライティングの特徴といえるスタイル、同時代の轟音を鳴らすバンドたちのサウンドとは一線を画す高音域を抑え中低域がブーストされたギターの音色、ジミー・チェンバレンの正確無比でグルーヴィなドラム、轟音と静寂のコントラストの効いた曲構成などすべての要素がデビュー作を大幅に上回り、ギター・ロックとしての完成の域に達した大傑作。

The Smashing Pumpkins

他のグランジのバンドのようにハードコアをルーツにもたず、ツェッペリンやブラック・サバス等のハードロックと、ニュー・ウェイヴを掛け合わせた独自なサウンドのデビュー作。初期の名曲「I Am One」で聴けるように、まだ荒削りではあるけれど静と動を行き来する構成とメランコリックでサイケなメロディのスマパン基本形はすでに土台ができていた。今となっては想像もつかないけれど、この時期のビリーはロン毛。

Smashing Pumpkins
Gish
Hut / 1991.5

揺るぎない評価を獲得した前作からわずか2年でさらに進化を遂げた大作3rd。「2枚組にしたからこそいろいろな方向性を追求できた」という趣旨の発言をビリーがしているように前作の延長線上にあるアート・ロックの発展形、「Tonight,Tonight」「1979」などさまざまなスタイルの曲が並ぶがどれもが完璧なクオリティ。オルタナの歴史を塗り替えたといって過言ではない「不可能を可能に」したバンド史上最高傑作。

The Smashing Pumpkins
Mellon Collie And The Infinite Sadness
Hut / 1995.10

『Adore』の少し前にリリースされたスマパンとは真逆の70年代フォーク・ロックのようなバンド・サウンドにイハの繊細な歌声でメランコリックかつラヴリーなメロディが乗せられたソロ・デビュー作。スマパンではビートルズにおけるジョージのように自作曲は数曲しか採用されなかったけれど、気の置けない親しい友人たちと永遠に色褪せない輝きを放つ堂々たるSSW作品を作り上げた。ジャケの佇まいも名盤の貫禄十分。

James Iha
Let It Come Down
Hut / 1998.2s

ドラマー不在の3人体制でアコースティックと打ち込みの融合に焦点を絞って制作された4作目。エレクトロニックな曲はビリーのルーツのデペッシュ・モードやニュー・オーダーの影響を感じさせる。轟音ギターを封印した内省的な世界観はビリーのソロ作品といった趣も。「Perfect」や「Behold！The Nightmare」など名曲も多く完成度も高いが商業的には失敗に終わり、解散への布石に繋がった。

The Smashing Pumpkins
Adore
Caroline / 1998.5

Pearl Jam

パール・ジャム

ヴォーカリストが急逝したマザー・ラヴ・ボーンのストーン・ゴッサードとジェフ・アメンにテンプル・オブ・ザ・ドッグで活動をともにしたマイク・マクレディ、いまだ無名のエディ・ヴェダーらを加えスタートしたパール・ジャムもすでに30年あまり。2022年の11作目『Gigaton』ではディスコ・ダブ風のトラックに挑戦するなど、いまなお意気軒昂な5人組も、結成当時は勃興しつつあるグランジ・ブームの一角を担うにすぎなかった。かくもながきにわたり彼らが一線にとどまりつづけるのは、柔軟な思考と間口の広さもさることながら、問題提起的な姿勢を保ち、リスナーへ成長を促す点にあるのではないか。私は1995年の初来日公演の初日の仙台公演に足を運んだが、チケットマスターとの確執で米国本土でのライヴに制約が生じていた時期の会場には、海外からの観客も多数つめかけており、彼らとヴェダーが幕間で議論風発の体でやりとりしたのが強く印象に残っている。

文＝松村正人

Pearl Jam "MTV Unplugged" (Epic / 2020)

Pearl Jam
Vs

Epic / 1993.10

以後ながらく協働関係を築くB・オブライエンとの初タッグ。レッチリの『Blood, Sugar〜』をあてた敏腕プロデューサーはさっそくバンドの持ち味である生っぽさを出そうとスタジオにライヴ・セットを組み、そのことが本作のドライヴ感の大元になったことは衆目の一致するところだが、「Go」や「Animal」のような前のめりな曲よりむしろ「Dissident」「W.M.A.」などのミドルテンポにこそ旨味が多くこもるかにみえる。冗漫さとは無縁のひきしまった演奏と奥行きのある音楽性はグランジ勢でもとりわけクラシック・ロック寄りの立ち位置に由来するのだろうが、この衒いのなさが30数年後のいまにいたる息の長い活動を約束していたことはたしか。

Pearl Jam

フレットレスベースとコンガの瞑想的なイントロを
引き裂くようにかき鳴らすギターリフにつづきヴェ
ダーの怒鳴るような歌唱がはじける冒頭の「Once」、
跳ねるようにグルーヴする「Even Flow」、歌唱と
展開のダイナミズムが印象的な「Alive」、冒頭3曲
がアルバムの奔流のような流れを決定づけるが、伏
流には自殺、ウツ、殺人などシリアスなテーマもひ
そむ。急造の布陣であることが構想より楽曲の完成
度を導いたファースト。

Pearl Jam
Ten
Epic / 1991.8

邦題を「生命工学」という3作目。主調はパンクで
「Spin The Black Circle」はその典型。アルバムは
当初、LPが先行しCDでもそれにあわせるように一
部、二部にわかれた構成をとっている。とはいえコ
ンセプト重視というほどではなく、歌詞も社会問題
より名声とプライバシーといった実感のこもったも
のが多い。出だしこそソリッドでしてシンプルだが、
後半にすすむにしたがいサイケデリック度が高まり、
だんだんと捩れてくる。

Pearl Jam
Vitalogy
Epic / 1994.12

『Ragged Glory』にはじまるニール・ヤングの90年
代は湾岸戦争のさなかソニック・ユースらとまわっ
たツアー音源を編んだ91年の『Weld』から翌年の
『Harvest Moon』と、何度目かの最盛期を迎えつつ
あった。ときにグランジのゴッドファーザーとも位
置づけられる音楽性が時代にマッチしたためだが、
あわせてその影響下にある音楽家も台頭した。PJ
はその筆頭。合作でクレイジー・ホース役に徹した
ところに気概を感じる。

Neil Young
Mirror Ball
Reprise / 1995.6

一点突破的だった御大とのコラボのあとなれば、散
漫な印象はぬぐえないとはいえ、安定した方法論か
ら積極的にはみ出す姿勢は好もしい。不穏な導入に
はじまり、弾けるようにハードにロックしてみせた
かと思えば、泥くさいリフが鳴り響き、オリエンタ
ルなドローンが顔をのぞかせる4枚目はアイコン化
してひさしいみずからの規定（code）を相対化せん
とする意欲がそこかしこに。結果多彩な可能性が錯
綜する野心的な一作となった。

Pearl Jam
No Code
Epic / 1996. 8

Mazzy Star
マジー・スター

ジーザス・アンド・メリーチェインの名曲「Sometimes Always」やマッシヴ・アタック、ケミカル・ブラザーズ、バート・ヤンシュの作品にも客演する90年代最高のファム・ファタル、ホープ・サンドヴァル(vo)と80年代後半のサイケ復興シーン、ペイズリー・アンダーグラウンドのレイン・パレードの中心人物デヴィッド・ロバッグ（g）によって結成された男女デュオ。ヴェルヴェット・アンダーグラウンドやニコの遺伝子をアシッド・フォークに落とし込んだ退廃と喪失感を含んだサウンドはビーチ・ハウスやラナ・デル・レイをはじめとするアーティストや多数のドリーム・ポップやシューゲイザーたちに受け継がれている。

文＝澤田裕介

Mazzy Star 'Fade Into You' (Capitol Records / 1994)

Mazzy Star
So Tonight That I Might See
Capitol / 1993.10

最大のヒット曲でJ・マスシスやアメリカン・フットボールをはじめとしてさまざまなアーティストにカヴァーされている名曲「Fade Into You」収録の傑作2nd。『ベティ・ブルー』のベアトリス・ダルや『パリ、テキサス』のナターシャ・キンスキーといった映画のヒロインたちにも通じる情念と危うさを感じせるホープ・サンドヴァルの佇まいと虚ろで甘い歌声はやはり唯一無二。夜の蒼さに溶けていくような1曲目、漆黒の闇の中でビザールな煌めきを放つ3曲目、10曲目。穏やかな月明りに照らされているような4曲目（アーサー・リーのカヴァー）、紫色の空が白み始めるような雰囲気の9曲目など、どの曲も夜の匂いを感じさせる。

Mazzy Star

レイン・パレード解散後、デヴィッド・ロバッグが
ドリーム・シンジケートのベース、ケンドラ・スミ
スと結成したマジー・スターの前身ユニット（ケン
ドラ・スミス脱退後、ホープ・サンドヴァルと出会
いマジースターに発展）の唯一の作品。ヴェルヴェ
ッツ要素は少なめだが、ドアーズのようなサイケデ
リックなオルガンやティラノザウルス・レックスを
彷彿させるアシッドなムードはマジー・スターのデ
ビュー作に受け継がれる。

Opal
Happy
Nightmare
Baby
Rough Trade /
1987.5

「ドアーズ以来、最高のサイケデリック・バンド」
と主要メディアに絶賛されたデビュー作。表題曲は
たしかにドアーズのような妖しげな空気感があるが
、全体的にはニコの『Chelsea Girls』を青写真とし
たような枯れた味わいのリヴァーブ塗れのアコース
ティック・カントリー・ブルースが基調となってい
る。ホープ・サンドヴァルの気怠そうな歌声はすで
に退廃的な雰囲気を纏っているけれど無邪気さも感
じさせる。

Mazzy Star
She Hangs
Brightly
Rough Trade /
1990.5

ヴェルヴェッツの「Sunday Morning」を彷彿させ
る「Disappear」で幕をあける3rd。これまでの2作
品にあったようなサイケ度は少なくなり、アシッド
・フォーク色はそのままに、のちの後進バンドに引
き継がれるようなドリーミーな要素が増えた。5曲
目にはジザメリのウィリアム・リードが参加しレイ
ジーな轟音ギターを披露。本作リリース後は長い沈
黙が続き、次作が出るまで17年の年月が流れた。

Mazzy Star
Among My
Swan
Capitol / 1996.10

マジー・スター活動停止中にリリースされたマイブ
ラのコルム・オコーサクとのコラボ作品。1曲目は
ジザメリのカヴァー。3曲目はサム・ペキンパー監
督の西部劇挿入歌カヴァーでバート・ヤンシュがギ
ターで参加。ハイライトは60sポップスをダブ処理
したような深い残響ギターとむせび泣くようなブル
ース・ハープが絡み合う4曲目。ホープ・サンドヴ
ァルの甘く情念に満ちた声が冴えわたる00年代ア
シッド・フォークの傑作。

**Hope
Sandoval &
The Warm
Inventions**
Bavarian Fruit
Bread
Rough Trade /
2001.1

Melvins
Houdini
Atlantic / 1993.9

スラッジ・メタルの元祖がメジャーから放った5作目。空席だったベースに前任者を呼び戻したものの、ほとんど貢献することなく、実質的にバズとデイルふたりでの制作だったという。一方で、バンドぐるみの交流があったニルヴァーナのカートが数曲にプロデュースやギターや打楽器で参加。インディ時代のくぐもった音像から一転、聴覚的にも観念的にも視界が開けた仕上がりになっている。「Going Blind」はキッスの2/3倍速カヴァー。

Morphine
Cure For Pain
Rykodisc / 1993.9

和語でモルヒネをさすバンド名とアルバム名のとおり鎮静効果の高い2作目。代表曲「Thursday」はじめロカビリーっぽさをうっすらにじませたロックンロール・ナンバーとそれらを漂白し尽くしたかのような「Candy」や表題曲などの二本立てが基本路線で、ともに中心人物サンドマンのどこか肥大した感性がなにがしか作用している。真に傑作と呼ぶべき一枚だが、それがゆえに彼が90年代最後の年、ローマの舞台上で客死したのが惜しまれる。

Various Artists
Judgment
Night
Epic / 1993.9

古くはランDMCとエアロスミスの「Walk This Way」のように、ブレイクビーツをループするラップとリフが楽曲の基本構造たるメタルには構造上の親和性があり、ファンク・メタルのようなサブジャンルの呼び水にもなるわけだが、93年の犯罪映画のサントラとなる本作はラッパーとヘヴィ系のコラボ楽曲で全編を構成。サイプレス・ヒル×ソニック・ユースの1曲目からダルくていいが、白眉はともに青筋を立てるスレイヤーとアイスTだろう。

Bikini Kill
Pussy
Whipped
Kill Rock Stars /
1993.10

ロックにおける女性解放を語る上でも外せない存在であるキャスリーン・ハンナ。そしてその歴史のサントラがあるとしたらテーマ曲の候補を争うのは間違いなく本作収録の「Rebel Girl」だ。ビキニ・キルはあまりGirlを複数形にしないところが好き。その辺の姉ちゃん（"The Queen of the neighborhood"）一人一人が行動を起こせるんだ、とポップなハードコアで勇気を与えてくれているみたいで。（岩渕）

スティーヴ・アルビニがレコーディングした1枚目。いわゆるマスロックの契機とされる本作だが、現バトルスのイアン・ウィリアムスは加入直後と、創作面の貢献度はまだ低く（ドラマーのデーモン・チェがギターを弾く場面も）、変拍子が特徴づけるミニマルかつプログレッシヴな演奏も本領発揮とは言いがたい。3作目以降顕著なジャズやアフリカ音楽に跨がる緻密なコンポジションからも程遠いが、轟音と不協和音が押し寄せる荒々しいバンド・アンサンブルがポスト・ハードコアとニュー・メタルを結節するようなヘヴィネスを演出している。混沌としたテンションが続くなか、スリントも思わせる渇いたリリシズムをたたえた「New Laws」が深い印象を残す。（天井）

Don Caballero
For Respect
Touch And Go / 1993.10

90年代末から2000年代初頭にかけてメキメキと頭角をあらわす〈Kranky〉のカタログ番号1番。マーク・ネルソンのギターとぼそぼそとした歌が符牒となるドラムレスのアンビエント・トリオで、その深淵なサイケデリック世界をスペースメン3と比較する評者もいる。とはいえどの曲も輪郭ははっきりしており、ギターと鍵盤が音をうけわたしつつ、響きをにじませていくスタイルはきわめて美しい。ネルソンはのちにパン・アメリカンに転身。

Labradford
Prazision
Kranky / 1993.10

メデスキのオルガンを核とするトリオで〈Gramavision〉ではファースト・リリース。レアグルーヴにおけるオルガン・ブームと当時のヒップホップ界隈のジャズ志向を背景にした踊れるジャズといえばいいか。ジャズの語法を十全に弁えつつも、それが置かれた90年代の初頭のムードへの目配せもぬかりない。モンクのあとにキング・サニー・アデをとりあげるセンスと腕前をふくめ、いわゆるジャムバンド・シーンでは頭ひとつ抜けていた。

Medeski Martin & Wood
It's A Jungle In Here
Gramavision / 1993.10

Matthew Sweet
マシュー・スウィート

日本のロック・ファンには、「うる星やつら」のラムちゃんのタトゥーを入れた男としても知られるマシュー・スウィート。高校時代から曲を書き始め、大学生活を送ったアセンズでは、REMやB-52'sがいた現地のポストパンク・シーンに飛び込んで腕を磨いた。そして、86年にメジャー・デビュー。アメリカン・ロックの伝統を受け継いだソングライティングと良質なポップ・センスを持ち味にして、ヴェルヴェット・クラッシュのプロデュースをしたり、ソーンズというバンドを結成したり、スザンナ・ホフスと共演作を発表したりと幅広く活躍。ロックへのピュアな愛情と職人気質を併せ持ったサウンドは世代を超えて愛された。

文=村尾泰郎

Matthew Sweet 'Devil With The Green Eyes' (Zoo Entertainment / 1993)

ファースト・アルバムもセカンドもセールスはふるわず、レーベルから契約を切られた挙句に離婚も経験したマシュー。そんなさまざまな別れの辛さを作品に昇華させたのが、ブレイクするきっかけとなった本作だ。フレッド・マーがプロデュースを担当し、ゲストに招いたロバート・クワイン、リチャード・ロイドの骨太で個性的なギターを軸にしてバンド・サウンドを構築。ライヴ感を重視し、歪んだグランジとは対象的に抜けがいいアンサンブルが、メロディやハーモニーの豊かさを引き立てている。60年代の女優のチューズディ・ウェルドをジャケに使うセンスも新鮮で、甘酸っぱいアメリカン・ニューシネマの映画を見ているような愛すべき作品に仕上がった。

Matthew Sweet
Girlfriend
Zoo Entertainment / 1991.10

Matthew Sweet

マシューが愛するフリートウッド・マックの
『Tusk』を手掛けたリチャード・ダシュットにプロ
デュースを依頼。ロバート・クワインとリチャード
・ロイドがリード・ギターを弾き、ニッキー・ホプ
キンスやピート・トーマスなど世代を超えたゲスト
が参加している。前作よりもサウンドは作り込まれ
て重量感たっぷり。60〜70年代ロックへの愛情を
全開にしながら、それをモダンに聞かせる独自のポ
ップセンスが息づいている。

Matthew Sweet
Altered Beast
Zoo Entertainment /
1993.6

前作『Alterd Beast』では、尊敬する先輩たちと最
高のアルバムを作ろう！という意気込みが伝わって
きた。今回は一人のロック・ファンとして音楽と向
き合おうとしているようで、等身大のロックを聞か
せてくれる。ブレンダン・オブライエンがプロデュ
ースを担当。クワインとロイドのギターを核にしつ
つ、バンド・サウンドはタイトで軽やか。曲には3
分間ポップスの魅力に立ち返ったようなフレンドリ
ーさがあって、ギター・ポップ的な味わいが増した。

Matthew Sweet
100% Fun
Zoo Entertainment /
1995.2

前作『Blue Sky On Mars』でリード・ギターをマシ
ュー1人で弾くことになり、分厚いギター・サウン
ドと決別。その変化には賛否両論あったが、新しい
方向性を求めてたどり着いたのが本作だ。スペクタ
ー・サウンドにインスパイアされてアルバムの制作
を始めたそうだが、ホーン、オルガン、ハープシコ
ート、テルミンなど多彩な楽器を盛り込んでふくよ
かなプロダクションを構築。それでいて生演奏の感
覚は失わず、色彩豊かなサウンドを生み出した。

Matthew Sweet
In Reverse
Volcano / 1999.10

00年代に入って初めて発表したオリジナル作。マ
シューはギターとベースを担当し、セカンド
『Earth』から参加してきたヴェルヴェット・クラッ
シュのリック・メンクが初めて全曲のドラムを叩い
ている。小編成でアットホームな雰囲気のなか、リ
チャード・ロイドやグレッグ・レイズが加わって久
しぶりに3本のギターが炸裂。「Kimi」というのは
ロックのことかと思わせるほど、無邪気に音楽に向
き合っているところがマシューらしい。

Matthew Sweet
Kimi Ga Suki
Glass Modern /
2003.4

TAD
Inhaler
Giant Records /
1993.10

〈Sub Pop〉と契約したなかではサウンドガーデンやマッドハニーにならぶ古参の部類でグランジの生き字引ともいえるタッド・ドイルひきいるバンドのメジャー傘下への移籍作。各パートの輪郭をきわだたせたサウンドはダイナソーのJの手になるもので、初期グランジらしいメタル要素のつよいサウンドが堤防を決壊させるがごとき音量と音圧でほとばしる。基本は押しの一手だが「Lycanthrope」みたいな変則的な曲をもっと聴きたかった。

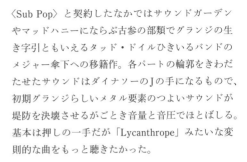

Gumball
Super Tasty
Columbia / 1993

70年代末から活動を始め、ヴェルヴェット・モンキーズ、B.A.L.L.などのバンドで活動、90年代の米国オルタナティヴを語る上で避けては通れない人物、ドン・フレミングのバンド。コロンビアと契約しリリースされた2作目。プロデュースは、ニルヴァーナ『Nevermind』で名を馳せたブッチ・ヴィグ。コーラスを多用したメロディアスで、軽快なナンバーが続く。派手ではないが良質なロックンロール・アルバムだ。(畠中)

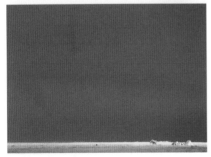

Earth
Earth 2: Special Low
Frequency Version
Sub Pop / 1993.2

シーンの中興の祖スティーヴン・オマリーが世に出るきっかけになったユニット SUN O))) の結成のきっかけになったとたびたび言及するなかで再評価がすすんだドゥーム～ドローンの開拓者。カート・コベインの友人でもあったディラン・カールソンを要にデビュー作となる本作ではベースと、1曲で打楽器のクレジットはみえるが、全3曲70分あまりの時間と空間を重苦しいドローンが塗りこめていく。その楽曲構造はグレン・ブランカがリフレインにより倍音を積算するのだとしたら、カールソンは低音による下方に杭を打ちこみつづけるといえばいいか。長いキャリアではわかりやすくストナーよりなったこともあったが、サウンドの土台部分はきわめて堅牢。

EYヨ Interview

オルタナティヴとはあらゆるカテ立てに対する
カウンターであるともにカテ立てそのものを
すり抜ける根無し草的ノマド質

EYヨ（ボアダムス）に訊く
90年代とオルタナティヴの極私的背景

前書きにも述べたとおり、本書に登場する90年代の作品の多くはある日突然降って湧いたものではない。世間の話題をさらったレコードにも時代を画した作品にも、それらを培った歴史が存在し、地域性や時代性がぬきさしがたく作用している。いわば「交差性」としての90年代USオルタナティヴを思考するとき、単に資料をつきあわせるだけでない動的な視点を得られないか。そう考えとき、思いいたったのがEYヨだった。90年代当時、EYヨはボアダムスの中心人物として、国内のみならず、米国を中心に海外でも活躍し、本書に登場する音楽家ともフェスやライヴをとおして場を共有している。その歴史的な意義はEYヨやボアダムスの海外における影響力の広がりにもあらわれるが、EYヨにとっての90年代とは、オルタナティヴとはなんだったのか。書簡で訊いた。

EYヨ　80年代中期に結成したボアダムスの中心メンバーとして実験的なパフォーマンスを展開、世界的なアンダーグラウンド・シーンに影響を与える。DJは1996年から。ヴィジュアル・アーティストとして、画集を出版、P.S.1など世界各地の展覧会に参加。

——EY∃さんが86年にボアダムスを結成されたとき、どのような構想をもたれていましたか。当時の米国の音楽（ハードコアやフリーミュージック、そのほかインディ・シーンの音楽など）を意識されていましたか。

80年代中期からの10年間はアメリカの〈Forced Exposure〉が取り扱っていたものや、〈Homestead〉〈Touch And Go〉〈Fundamental〉〈Community 3〉〈Shimmy Disc〉〈New Alliance〉〈SST〉などの音楽を意識していたと思います。いわゆるジャンクと呼ばれていた一連の音楽の廃品利用やトライバリズムとアシッド・パンクの交差するポイントを探っていて、自分の中ではプッシー・ガロアやミッシング・ファンデーションと同軸の今のフル・ミジキ（Fulu Miziki）に繋がるようなことを『Soul Discharge』の頃、模索していたような気がします。

もともとは〈Pebbles〉の『The Acid Gallery』に影響を受けてバンド構想を考えていました。そこで聞かれるようなアシッド・パンクが、ハードコアのカテゴライズから溢れてしまうような表現をやっている人たちの中で再定義されるのを散見したことで興味を覚えました。バットホール・サーファーズやショッカビリー、UKだと〈Blast First〉や〈Ron Johnson Music〉のリリース、ワールド・ドミネーション・エンタープライゼズ、メンブランズなど。

——ボアダムスは1988年のソニック・ユースの来日公演に出演されています。以後ボアダムスは米国での認知度を高めていきますが、彼らとの共演ではどのようなことを感じられましたか。

ドラムステックなんかを使うプリペアド・ギターの演奏が興味深く、その頃はグレン・ブランカや『No New York』からの流れで見れてなかったのですが、それらのコンテキストを豪快に押し広げて提示していたのかな。抑制とともに、いつも遊び心や余白があるなぁと（特にサーストン）ステージを見るたびに思っていました。

——1989年の『Soul Discharge』はクレイマーの〈Shimmy Disc〉から米国リリースされています。そのさいの経緯と、ご自身の音楽が米国内を流通するさいに感じたことがあれば教えてください。

ジョン・ゾーンがクレーマーと友人で、ネイキッド・シティも〈Earache〉と〈Shimmy Disc〉からリリースしていました。そこから自然とつながっていったんだと思います。バットホールやショッカビリーのメンバーだとは知らなかったけど、〈Shimmy〉最初のコンピ（ララージやミッシング・ファンデーション収録）はよく聞いていたので出せたときはうれしかった。でもCDになったときに曲信号を入れてもらえず、全一曲になっていたのに参りました。割と流通していたのか、いろんな方に聞いてもらえていたようです。ツアーがやりやすくなったのは確かです。

——EYヨさんはいまおっしゃったジョン・ゾーンとはネイキッド・シティに参加するほか、デュオ・アルバムも制作されています。ジョン・ゾーンとの交流はどのようにはじまったのでしょう。

東京でヴォーカルで参加していたバンドをジョンが見て話をするようになりました。その年末の「New Year's Eve」のネイキッド・シティに参加することになりニューヨークに行き、そこからボアの米ツアーや『WOW2』のレコーディングをジョンがセットしてくれました。門を開いてくれた人でとても感謝しています。

——『Soul Discharge』は90年代のボアダムスの起点とも考えられますが、結成当時から89年代までの音楽的変遷において参照されていた作品などがあればおしえてください。

Pebbles Acid Gallery 4

Butthole Surfers / Cream Corn From The Socket Of Davis (Touch And Go / 1985)

Jackdaw With Crowbar / Hot Air (Ron Johnson Records / 1985)

Various Artists / State Of The Union (Zoar Records / 1982)

Spongehead / Potted Meat Spread (Shimmy Disc / 1988)

Phantom Tollbooth / Valley Of The Gwangi (Homestead Records / 1986)

Missing Foundation / 1933 Your House Is Mine (Purge/Sound League / 1988)

Pussy Galore / Right Now! (Caroline Records / 1987)

O.L.D. / Old Lady Drivers (Earache / 1988)

Spazztic Blurr

——ニルヴァーナの『In Utero』につづくライブにボアダムスは参加しています
が、彼らのパフォーマンスをEYƎさんはどのように思われましたか。

あまりゆっくり見る時間がなく毎回垣間見たくらいなので、正直お伝え
できることがあまりないのですが、一緒だったミート・パペッツと対照的
だったのが印象に残っています。

——ボアダムスは1994年のロラパルーザ〔註〕に参加しています。同年7月7日
から9月5日の期間で、資料によれば前半のみの参加だったということです
が、そのときの演奏やバックステージでの出来事でおぼえていることはあ
りますか。ボアダムスが出演したメインステージにはほかに、以下のグル
ープが登場しています。

スマッシング・パンプキンズ、ビースティ・ボーイズ、ジョージ・クリン
トンとPファンク・オールスターズ、ブリーダーズ、トライブ・コールド
・クエスト、ニック・ケイヴ＆バッド・シーズ、L7、グリーンデイ（ボアダ
ムスと交替で後半から）

ビースティは今のパルクールみたいにいつも驚異的な飛距離のジャンプ
練習（というか遊び）をしていて、オフはゴルフでした。スマパンの声のレ
ゾナンス処理がとても興味深かったのとPファンクのオシメ＆風船姿は印
象に残っています。僕たちはビギナーズラックの恩恵でビースティから表
彰状をいただきました。

——ボアダムスは90年代後半にはそれまでのロック的なサウンドからミニマ
ルやダンスミュージックの要素をとりいれた音楽性に変化していきます。
EYƎさんは当時、ロック的な表現に限界を感じていたのでしょうか。また
はグランジやオルタナティヴ・ロックと呼ばれる潮流の変化を感じておら

れたのでしょうか。

新しいロックはいろいろ出ていて興味深かったですが、90年代初頭か
らRAVEに行きはじめてその影響がかなりあったと思います。

—— 米国は地方分権的な国家体制で、各地の独自の地域性があるといわれます。
　EYƎさんは米国をツアーしたり、あるいは音楽作品などを通じて、ローカ
　リティの差異のようなものは感じたことはありますか。

ローカリティーの差異を感じる余裕がなかったですが、最初のアメリカ
ツアーの初っ端がテキサスで、風土やオーディエンスの感じになじめまし
た。アリゾナも良かった。

—— EYƎさんがベックの99年の『Midnite Vultures』のアートワークを担当され
　た経緯についてお教えください。また美術家としてのEYƎさんにとって関
　心をもたれている米国の作家（世代は問いません）がいれば教えてください。

ベックの自宅へ遊びにいって、そういう話になったのかなと思いま
す。作家ではMSHR、カルヴィン・ライト（Calvin Wright）、ブライアン・
ウォルスビー（Brian Walsby）、ジョー・グリロ（Joe Grillo）、ペドロ・ベル（Pedro
Bell）、フェーズ2（PHAZE2）、GRAX、ペーパー・ラッド（Paper Rad）ほか
たくさんの方々……。

—— EYƎさんにとっての90年代とはどのような時代だったのか。音楽はもとよ
　り、アートやDJなど、他の表現分野での活動もふりかえってお答えくださ
　い。

重心が、線より点で、物質文明や快楽主義にまつわるアート最後の勃興
点として、その燃え上がる熱量は高かったのでは。ロウアートやロウミュ
ージック、スカムなどでのプリミティヴィティの再発見と検証もあったと
思います。

—— ボアダムスやEYƎさんは記号的なエキゾチシズムとは無縁に、世界規模の

影響をあたえたはじめての日本人アーティストだと思います。そのことは Pitchfrok が90年代の100枚に『Super Ae』を選んでいることにも、海外の若手ミュージシャンがボアダムスの影響を述べる点にもあらわれています。影響の裾野の広がりについて、ご自身はどのようにお考えですか。

　自分でのそういった実感はなくて、なかなか対象化できていないのが実情です。

――EYⴹさんにとってオルタナティヴとどのようなあり方をさしますか。抽象的で答えにくい質問かとは思いますが。

　オルタナと簡略記号化された時点で言虚なものになった気がしますが、もともとはあらゆるカテ立てに対してのカウンターだったような気がします、かつノンカテでもないどこまでもすり抜けていくある種根無し草なノマド質のことなのかな？
　あらゆる理解からすり抜け、そうではない別のあり方、とにかく実にならない、逸脱していく姿勢のことかなという印象です。
　ある種の跳躍であり軽やかさ。
　最初は、ポストパンクに電子的な導入がなされた際にシンセサイザーがないにもかかわらず、普通のロックバンド編成において意図なく結果的に各楽器を電子音響的に取り扱っているように感じられるバンド群のことをいうのかな？と勝手に解釈していました。

――お好きな90年代の米国のオルタナティヴ・ミュージック（定義は問いません）のアルバムを10枚あげてください。

Sexual Milkshake / Sexual Milkshake (Teenbeat / 1992)

Royal Trux / Twin Infinitives (Drag City / 1990)

Caroliner Rainbow Stewed Angel Skins / I'm Armed With Quarts Of Blood
　　(Subterranean Records / 1990)

Liquor Ball / Fucks The Sky (Blackjack Records / 1992)

The Olivia Tremor Control / Music From The Unrealized Film Script "Dusk

At Cubist Castle" (The Blue Rose Record Company / 1996)

Refrigerator / Lonesome Surprize (Shrimper / 1991)

Faxed Head / Exhumed At Birth (Amarillo Records / 1997)

Dadamah / This Is Not A Dream (Majora / 1992)

Spazz / Dwarf Jester Rising (Clearview Records / 1994)

Thinking Fellers Union Local 282 / Mother Of All Saints (Matador / 1992)

〔註〕Lollapalooza──元は英語の俗語で発音は「ララプルー
ザ」にちかく「すばらしい」の意。コーチェラ、ボナルーと
ならぶUS3大野外ロック・フェスのひとつで、原型は1991
年、ジェーンズ・アディクションのペリー・ファレルがバン
ドの解散ツアーを期に企画した巡回型のフェスティヴァル。
ジェーンズ・アディクションをはじめ、リヴィング・カラー、
ナイン・インチ・ネイルズ、アイスT＆ボディ・カウント、
ロリンズ・バンド、フィッシュボーンなどが参加した第1回
から、レッチリ、ミニストリー、ジザメリに加えてサウンド
ガーデン、パール・ジャムなど、グランジ勢の目立ってきた
92年の第2回、アリス・イン・チェインズやダイナソーJr、
プライマスらメインステージ組以外に、のべ50組ちかくが
サブステージに登場した第3回と、年々規模を拡大して開催。
ボアダムスがメインステージに登場した94年の第4回では、
フレーミング・リップス、ステレオラブ、ブー・ラドリーズ、
ガイデッド・バイ・ヴォイシズ、ルシャス・ジャクソンなど
もサイドステージに立った。ボアダムスが出演したこの年は
また、ヘッドライナーをつとめる予定だったニルヴァーナが
直前でキャンセル、間を置かず、カート・コベインの訃報が
入るなど、象徴的な回でもあった。フェスはその後、退潮傾
向がつづき97年をもって一端終了するも、2003年に再生。
2006年以降は主会場をシカゴに固定する一方、海外展開を
含めた多角化もこころみている。

1994-1996

Mid 90s

90年代中期

94年4月のカート・コベインの自死により、グランジの潮は
引き、ポップになったパンクなどが若者の支持を集める一方、
フォークやブルースにヒップホップを強引に接ぎ木したような
折衷方法が好事家の心をつかんだ。ローファイはこの時代の大
気の状態をしめしており、そのような空気を胸いっぱいにすい
こんだなかからオルタナティヴな歌心にあふれるグループも登
場する。百花繚乱の体をなすミッドナインティーズ。

Alice In Chains
Jar Of Flies
Columbia / 1994.1

連中の場合、いくらか肩の力が抜けたほうがプラスに働くらしく、92年の「Sap」につづく2作目のEPも小粒ながら刺激的な仕上がりにとなった。とはいえ『Dirt』の成功を受けて制作に入った本作にはサウドガーデン、マッドハニーとの合体バンド、アリス・マッドガーデン名義をふくむ前作ほどの遊び心はなく、生ギターやフォービートをとりいれた楽曲にも次作以降をにらむかのような前向きな創作意欲にあふれている。丁合のとれた一作。

Gumball
Revolution On Ice
Columbia / 1994.1

コロンビアからの2枚目になるサード。前作に比べ重量感が増しているのは、ヴェルヴェット・モンキーズのメンバーだったマルコム・リヴィエラが参加し4人編成になったから。いま聴くと、ニール・ヤングからストゥージスを経由したポップ・パンクを展開した、ある意味正統派ともいえるバンドだと思う。音楽的引き出しも豊富で、初期ピンク・フロイドみたいなジョン・コルトレーンの「至上の愛」のカヴァーは最高（当時は日本盤のみ）。(畠中)

Green Day
Dookie
Reprise Records / 1994.2

2010年代後半以降のポップ・パンク再興は自明だが、グリーン・デイのこの初作は同ジャンルの直接的起点の一つ。不安感や恋愛についての非政治的な歌（「Longview」の歌詞には自慰が登場）、珠玉の名曲「Basket Case」や「Welcome To Paradise」の狂おしい旋律と単純明快な演奏は10代の人生を変える潜在性を永遠に持ち続ける。最終的に世界で2,000万枚近く売れた。(天野)

Latin Playboys
Latin Playboys
Warner Bros. / 1994.3

ロス・ロボスのデイヴィッド・イダルゴとルイ・ペレス、プロデューサーのミッチェル・フルーム、エンジニアのチャド・ブレイクの4人によるファースト・アルバム。リラクシンで遊び心満載なエスノ音響ラウンジ・ミュージックを展開していて、独特のくぐもった音像は現在のアンビエント／ニューエイジ作品にも通じる。旅のラストに用意されたスウィートなバラード曲「Forever Night Shade Mary」はただただ美しい。(寺町)

通算3作目のメジャー第一弾。インディペンデント
の権化〈Dischord〉から大手〈Atlantic〉に移ると
なると往々にして真価を問う声が喧しいが、DC出
身のこの4人組は本作でそれらの意見にていねいに
応えている。ガヴァメント・イシュー時代はベー
スだったロビンスとバーボットの2本のギターは撚
り合わせたしめ縄のような一体感で、コレッタの
ブリブリいうベースと本作からドラムの座につい
たバロカスのリズム隊がそれらを見事に支えてい
る。基調はパンクだが、JGバラード風のモチーフ
の「Motorist」のメタリックなトーン、5/4拍子で
跳ねる「Cruel Swing」など、ヘルメットあたりを
連想する瞬間も。制作はフガジを手がけたテッド・
ニースリー。

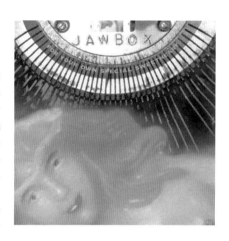

Jawbox
For Your Own Special Sweetheart
Atlantic / 1994.2

冒頭の「Violent Funky」はタワー・オブ・パワー
の「What Is Hip」へのディレイ気味のアンサーだ
と思うが、ロッコ・プレスティアよりロバート・ト
ゥルージロのほうがいくぶん指が太く、ずいぶんヤ
ンチャなのだった。インフェクシャス・グルーヴス
はスイサイダルのマイク・ミューアがたちあげた精
鋭部隊で、その名のとおりグルーヴに特化した構想
で体幹を鍛えあげる。いわずもがなのマチズモだが、
ファンク・メタルの極北でもある。

Infectious Grooves
Groove Family Cyco (Snapped Lika Mutha)
BHG Musick / 1994.3

前作および本作とのあいだのEPでその遅延ぶりに
ますます磨きがかかったスロウコアの始祖。2作目
にして最終作はのちにHiMやマイス・パレードな
どで忙しくするレックスのダグ・シャーリンとバス
トロのデヴィッド・グラブスも顔をならべ、ゆらめ
くようなクリーントーンと拉げるようなノイズに奉
仕。ドライなのにアルビニほど冴え冴えとしてはい
ない、さりとて90年代後半の音でもない、過渡期
であるがゆえに永遠に新しい音。

Codeine
The White Birch
Sub Pop / 1994.4

Hole
Live Through This
DGC / 1994.4

カート・コベインの自死発覚の4日後に世に出たホールのセカンド。妻として母としてつねにゴシップの渦中にあったコートニーのバンドだけに、中身より周辺情報が先行したきらいがあったが、フタを開けたらなかなかどうして堂々たるロック作。「Violet」の疾走感と「Doll Parts」のメランコリー、対照的な楽曲をブリッジする歌いっぷりとドスの利いたシャウトは歌い手としても得がたい個性。むろんニルヴァーナの面影も感じるが。

The Offspring
Smash
Epitaph Records / 1994.4

スケート・パンクを主流に押し上げた南カリフォルニアのバンドの3作目、全米4位となった出世作、そしてグリーン・デイの『Dookie』と並ぶ90sパンクの象徴。校内暴力についての「Come Out And Play」、恋人に虐げられる男が嘆くニルヴァーナ調の「Self Esteem」などシンプルで性急な曲が詰め込まれている。本作のヒットは90年代のインディ・レーベルの存在感を物語ってもいる。(天野)

Rodan
Rusty
Quarterstick Records / 1994.4

ルイヴィルの先達のスリントとの共通項は多く、ハードコアの強靭さとエモーションが複雑に積み重ねられていくようなサウンドにはマスロックの原点も見える。曲中の静と動の展開も壮大で6曲入りと思えないヴォリュームで、〈Touch And Go〉のサブレーベルである〈Quarterstick〉にポストロックのアイデンティティを宿らせた作品とも言える。のちにジューン・オブ・44、タラ・ジェーン・オニールのソロへと発展。(岩渕)

Rollins Band
Weight
Imago / 1994.4

ベースがディコーディング・ソサエティなどを経て、現在はアート・リンゼイのバンドを仕切るメルヴィン・ギブスに交替し文字どおり重くなった通算4枚目。ハードロック風のリフを骨組みにした曲づくりで、方々に実験的なスペースを設けるのは従前どおりだが、メルヴィンの加入が横方向のグルーヴを強化、結果類例のないバンドに。「Liar」はロリンズが警官やスーパーマンに扮装するMVが話題となりスマッシュヒット。

プロデューサーが前作ではバンドと共同でことにあたったテリー・デイトからレッチリをひと皮剝けさせたマイケル・バインホーンにスイッチしアレンジが俄然多彩に。「Let Me Drown」や「Spoonman」のようにコーネルらしい字余り構造の楽曲もあれど、主眼を置くのはおそらく「Black Hole Sun」のような輪郭のしっかりした楽想の歌であり、狙いどおりヒットもしたが、そっちじゃない気がすると、当時思ったものだった。

Soundgarden
Superunknown
A&M / 1994.4

見過ごされがちだが、ミッドウェスト・エモの重要な一角を担ったシアトルのバンドのデビュー・アルバムにして最高傑作。ポスト・ハードコアとエモ（英語風に言うならイーモゥ）の間隙を埋める作品とも言われ、「In Circles」などのテンポダウンしたドリーミーかつダウナーな感触、無邪気さと不穏さが合わさったカヴァー・アートが象徴するとおりカルト的な人気を誇る。ウィーザーの初作と同日にリリース。（天野）

Sunny Day Real Estate
Diary
Sub Pop / 1994.5

学生時代、バイト先のレコ屋では飛ぶように売れていたし、いりびたっていた友人の家のテレビは「Undone」と「Buddy Holly」のMVをひっきりなしに流しており、ビースティの「Sabotage」とともに、94年といえば、くすんだ総天然色と微妙なレイドバック感というのが刷り込まれてしまったのはまちがいなくスパイク・ジョーンズのせいだが、ガンズやキッスに憧れつつ意識下ではスターダムを敬遠し、ソングライターの王国の末席に連なることを目論む、リヴァース・クオモとウィーザーの1作目にして90年代オルタナの屈折した金字塔は、オタクとアウトサイダーを線引きし、カート・コベインなき世界で前者が後者をしのぐことを予言した一枚としても名高い。

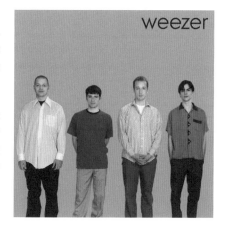

Weezer
Weezer (Blue Album)
DGC / 1994.5

Shellac
At Action Park
Touch And Go / 1994.10

アルビニの新ユニットはボブ・ウェストン、トッド・トレイナーとのトリオ。ドラムマシーンがバックのビッグ・ブラックとは異なり、演奏者は全員人間。だからといってヒューマニティに回帰するでもなく、磨き抜いたいち音と的確な構成で水も漏らさぬ音響空間を構築する。その手ざわりは、前身であるレイプマンをより滑らかに冷え冷えと進展させた興趣があり、拉げたノイズのなかにも真空のような静けさを感じさせる瞬間がたびたび去来。分厚い音の壁がたちあがる冒頭の「My Black Ass」、まるで三竦み状態な「Pull The Cup」、複雑な化学式にも似たコードワークの「Song Of The Minerals」など、トリオの資質が結晶化したファースト。

Dredd Foole
In Quest Of Tense
Forced Exposure / 1994.6

ミッション・オブ・バーマ〜ヴォルケーノ・サンズの面々をひきいれたディンとの活動をとおしてソニック・ユースとも交流をもったドレッド・フールことダン・アイアトンの初ソロ作。リヴァーブの霞たなびく向こう側で蜿蜒とくりひろげる幽玄の弾き語りはサイケデリックかつリチュアル。2000年代にウィアード・アメリカ勢が本作の影響を公言したことで再評価の機運が高まったが、その20年後のいまも消費されることなくナゾめいている。

Kyuss
Welcome to Sky Valley
Elektra Records / 1994.6

パームデザートから現れたジョシュ・ホーミやジョン・ガルシアら4人組の3作目で、間違いなくストーナー・ロックを代表する一作。砂漠の街道を駆けるダウンチューニングのギター・リフが生むグルーヴをドラムとベースが延々となぞり、大麻でストーンドしたオーディエンスの前に幻出するのは明け方、あるいは逢魔が時のスカイ・バレー。カイアスはクイーンズ・オブ・ザ・ストーン・エイジなどの母体になった点も重要。(天野)

Stone Temple Pilots
Purple
Atlantic / 1994.6

グランジ・ブームに便乗したと批判を受けた92年の『Core』につづくセカンド。腰高なところはあいかわらずだが、パーカッションを効果的にもちいたアシッド〜サイケ調の楽曲や、最初のシングル「Big Empty」のような静と動の振幅で聴かせる曲でのスコット・ウェイランドのシアトリカルなアプローチはやはりバエる。Pro.はブレンダン・オブライエン。「Vasoline」や「Interstate Love Song」はグランジ末期の名曲と断言したい。

ノー・ファンとアイ・ホールズ、ルイヴィル初のパンク・バンドが合流し1978年に結成するとまもなくNYに上京。おりからのノーウェイヴ・ムーヴメントに参入し、仏〈Celluloid〉から80年にリリースした無題のEPの時点では『No New York』勢でいえばマーズにちかかったが、3年後のファースト『Prehistory（先史）』ではロックの文脈を軽々と逸脱。同時に10年あまり消息を絶つ。94年の2作目となる本作はポスト・ハードコアの形態による実験主義ともマスロック化したDNAともいいたくなる鋭さで次作以降にも期待が高まったが、中心メンバーで美術家でもあるブルース・ウィシーペが95年にHIVウイルスによる合併症で死去。再評価が待たれるグループであろう。

Circle X
Celestial
Matador / 1994.8

ビースティ・ボーイズが設立したレーベル〈Grand Royal〉が初めて契約したアーティストであり、ビースティの超初期のメンバーを含む4人組ガールズ・バンド。バンド演奏によるオーガニックでロウなヒップホップに、サンプリングしたかのようなジャズやディスコやダブのテイストによって彩られた"生"のサウンド、そしてクールなラップと透明感のあるR&Bコーラスが飛び抜けて洒脱でニューヨークの洗練を体現していた。（岩渕）

Luscious Jackson
Natural Ingredients
Grand Royal / 1994.8

The Jon Spencer Blues Explosion

ジョン・スペンサー

photo Joe Dilworth

ニューハンプシャー出身。ワシントンDCに移住後、85年に彼の地でプッシー・ガロアを結成しニューヨークへ移住。ジュリア・キャフリッツ、ニール・ハガティ、クリスティーナ・マルティネスら重要人物を擁するバンドはストーンズとノイバウテンの合体を標榜するガレージ〜ノイズをまき散らし90年に解散。ハネムーン・キラーズの現場で知遇を得たラッセル・シミンズ、ジュダ・バウアーと結成したのがジョン・スペンサー・ブルース・エクスプロージョンである。その音楽性は初期作のクレジットも顔をみせるクレイマーやアルビニ、ツアーにも参加したギブソン・ブラザーズ風のガレージ、パンカビリーの色がつよかったが、黒人音楽志向がしだいに前景に。2018年に正式に解散を表明するまで、ヒップホップやクラブクラブカルチャーら時代の意匠にも反応しつつ10枚のスタジオ作をのこした。

文=松村正人、畠中実、岩渕亜衣

The Jon Spencer Blues Explosion 'Magical Colors' (Mute / 1998)

The Jon Spencer Blues Explosion!
Orange
Matador / 1994.10

90年代には、どこか「90年代型ロック」ともいうべき、それまでの音楽スタイルの刷新を予感させる作品があらわれた。オルタナティヴ以降のロック。パンクやヒップホップやテクノを経由して、アップデートされたブルース、というのが本作の最初の印象だった。ジョン・スペンサーは、以前プッシー・ガロアで、一度ロックもぶち壊しまくって、その後、ヒップホップやグランジ、ローファイなどを飲み込んだ、最新型同時代ブルースを演奏するベースレスのトリオとして帰ってきた。ストリングスやテルミンなどが違和感なく溶け込み、テンションあがりっぱなしで、バンド名のごとく、ブルースが大爆発している。リミックス盤と合わせて聴くと時代感覚が増す。（畠中）

The Jon Spencer Blues Explosion

ガレージ・パンクの突然変異種からブルースの解体
者へ方向性を定めた3作目。全体的にカドがとれ丸
みを帯びたサウンドはメンフィス録音によるもの。
「Afro」「Soul Letter」「Soul Typecast」と黒人音楽
志向をほのめかしながら正統派たりえない自身をひ
けらかすような韜晦もそこここに。ベースレス・ト
リオでベース・パートを担うバウアーのプレイがサ
ウンドの屋台骨を担っていることと、オルガンが効い
ているのを再発見。

**Blues
Explosion**
Extra Width
Matador / 1993.11

大ファンを公言するルーファス・トーマスを招いた
スカスカのパンク・ブルース「Chicken Dog」で原
点回帰を吠える5作目の直前にはR・L・バーンサ
イドの『A Ass Pocket Of Whiskey』にもJSBXは全
面的にかかわっていた。「R.L.Got Soul」はそのア
フターマスで、ブルースの瘴気をたっぷり吸いこん
だ3人の、70年代ストーンズもかくやという煮染め
たグルーヴ・ロックンロールを全面展開。オルガン
のマニー・マークも好サポート。

**The Jon
Spencer Blues
Explosion**
Now I Got
Worry
Matador / 1996.10

オープナナーにその名をのこすダブ・ナルコティッ
ク・サウンド・システムのキャルヴィン・ジョンソ
ンは前作にひきつづき。ほかにもアルビニやダン・
ジ・オートメーターやらが録音にかかわり、アレ
ック・エンパイアやバター08のリック・リーなど、
なにかと出入りの多い6作目。全体像が先にあった
というよりはつくりながら考えたというような場当
たり的な印象はぬぐえないが、リミックス的な手法
との相性のよさは解体主義者の面目躍如か。

**The Jon
Spencer Blues
Explosion**
Acme
Matador / 19981.10

ジョン・スペンサーが、プッシー・ガロアなどでも
ともに活動していた妻のクリスティーナと組んでい
たバンド。ブルース・エクスプロージョンとして
『Orange』でブレイクし、誰もがオルタナ解釈のガ
レージ・サウンドに夢中でジョンスペの関連作をす
べてチェックしたかった人気絶頂のタイミングで
華々しくリリースされるにふさわしく、内輪ノリに
ならない本気のクオリティとキャッチーさを持った
ガレージ・ポップの傑作となった。（岩渕）

Boss Hog
Boss Hog
DGC / 1995

Beastie Boys
ビースティ・ボーイズ

81年にマイク・D、アド・ロック、アダム・ヤウクによってラップ・グループとして結成され、2012年にアダムの早すぎる死により活動を休止するまでずっと変わらないいつもの3人。それ以前にハードコア・バンドとして活動していた経歴からバンド編成もスタイルとして持ち続け、常に好奇心旺盛な雑食の姿勢だった。90年代中期にはさまざまなカルチャーの担い手として、自身の雑誌およびレーベルの〈Grand Royal〉の運営や、ファッションブランドX-LARGEの設立、チベット仏教の信仰、スケボー／スノボ、さまざまなアーティストとの交流やフックアップ……など、すべてに圧倒的センスをもって精力的に活動した。
文=岩淵亜衣、松村正人

Beastie Boys 'So What 'Cha Want' (Capitol Records, Grand Royal / 1992)

先行シングル「Sabotage」がスパイク・ジョーンズが監督した70年代刑事ドラマ風のMVとともに大ヒットし、満を持して本作がリリースされる頃には、世界で最も面白いカルチャーはすべてビースティ・ボーイズの元にあったと言っても過言ではなかった。自身のレーベル〈Grand Royal〉を掲げ、自らの感性によってクリエイティヴィティを集結させデビュー作以来の全米1位へ返り咲いたことでさらなるカリスマ性に磨きをかけた。前作から参加のマニー・マークの影響も濃く、ジャズやソウルのサンプリング主体のトラックによるストレートなヒップホップとジャジーな生バンド曲が核となり全体のグルーヴを強力に押し上げている。（岩淵）

Beastie Boys
III Communication
Grand Royal / 1994.5

Beastie Boys

はちゃめちゃな1stと渋い2ndの両極端を経て、は
じめて彼らの等身大のストリート感覚がじっくりと
紐解かれたようなリアルな作品。サンプリングの分
量は減り、再び彼らの原点であるバンド形態への立
ち返りを含め最もオルタナティヴに接近した内容。
ダークな激情が炸裂する「Gratitude」をはじめと
するUSハードコアと、ジャジー・ソウル、ヒップ
ホップの雑多なバランスになんでもありの兆候がす
でに明白だ。(岩淵)

Beastie Boys
Check Your
Head
Grand Royal /
1992.4

これ以前のアルバムやシングルB面などに収められ
た彼らの演奏によるインスト・ナンバーをまとめた
編集盤。バンド形態時はギターをアドロック、ベー
スをアダム・ヤウチ、ドラムをマイクDが務め、至
って真剣な取り組みとしてジャズ・ファンク中心に
演奏している。ペリー&キングスレイのアルバムか
らタイトルを取りジャケットもオマージュしており、
モンド・ミュージック的なマニアックなセンスとこ
だわりも感じられる。(岩淵)

Beastie Boys
The In Sound
From Way Out!
Grand Royal /
1996.4

日系ハワイアンの父とメキシコ系アメリカ人の母を
両親に持つマニー・マークことマーク西田は、長年
のビースティ・ボーイズのプロデューサーだったマ
リオ・カルダート・Jrを介してビースティのチーム
に参加するようになった。ソロ・デビューである本
作は、彼のキーボードの技術力を土台として自由に
フォームを崩して遊びまわるローファイな手触りの
ソウル・ファンクで、当時の空気ともぴったり合致
していた。(岩淵)

Money Mark
Mark's
Keyboard
Repair
Mo Wax / 1995.7

アゲていく感じだった前作から一転、5作目は曲づ
くりにじっくり向き合った感あり。抑制的なラップ
と80年代風のエレクトロを軸に、従来の脱力路線
にもアダルトな余裕がそこはかと。M・マークはあ
いかわらずの薬味役だが、助演賞はミックス・マス
ター・マイク。要所をしめるスクラッチがゆるやか
なグルーヴを生んでいる。ビターなラテン調からア
コースティックなバラードを経てリー・ペリーが登
場する後半のコクが深い。

Beastie Boys
Hello Nasty
Grand Royal /
1998.7

Beck
ベック

本名ベック・ハンセン。60年代の前衛芸術運動フルクサスに属したアル・ハンセンを祖父に持つ。その影響か、音楽、アートワークの双方で、偶像破壊的アヴァンギャルドと一脈通じるコラージュ感覚をその特徴とする。1993年にインディーでレコードデビュー。94年にゲフィンよりメジャー・デビュー。カントリー、ブルースを基調としたながら、ヒップホップ、エレクトロ、ノイズなどの要素を、ハンドメイドな手触りでサイケデリックに展開する。グランジ、ヒップホップ全盛の時代に、アンダーグラウンド音楽をクリエイティヴに昇華させた独自のスタイルを確立。現在まで、アルバムごとにスタイルを変えながら、オルタナティヴに第一線で活躍し続けている。

文＝畠中実、松村正人

Beck 'Nobody's Fault But My Own' (Geffen Records / 1999)

Beck
Mellow Gold
DGC / 1994.3

ベックのメジャー・デビュー作（通算3作目）であり、90年代米国オルタナティヴを、ある意味象徴する傑作。ブレイクビーツに脱力したアコースティック・ギターのスライド、鳴り続けるシタール、そこに嗄れた声で歌われる、シングル「Loser」はMVのインパクトも強烈で、グランジ世代のアンセムとなった。ベッドルーム・アルバムの質感は、その後のローファイの台頭へと架橋された。グランジの隆盛の中で（しかもゲフィンから）リリースされ、現在まで第一線で活動し続けるベックの原石のような作品。種々雑多な音楽要素が渾然一体となったカオティックなサウンドによって、もっともオルタナティヴ（なアメリカーナ）を体現した作品のひとつだ。（畠中）

Beck

ダスト・ブラザーズと組んだメジャー2作目（通算
5作目）。サンプリングを多用したサウンド・プロ
ダクションが特徴。これでもかというほどのサンプ
ルループ。ブレイクビーツ、ギターのリフ、シンセ
のエフェクト、すべてがテープループのように反復
する。ここぞというタイミングでパンチインされる
ブレイクとキメのフレーズが絶妙なノリを醸し出す。
当時イギリスでは、オアシスのギャラガー兄弟が本
作をいたく気に入ったそうで、「The New Pollution」
などは60年代サイケな雰囲気もある。前作よりも、
ロック、ヒップホップ、ブルース、ノイズなど、ジ
ャンルのミックスが巧みになっている。グランジ以
降のもうひとつの潮流を作った。（畠中）

Beck
Odelay
DGC / 1996.6

『Odelay』のツアー終了後、2週間で12曲吹き込ん
だという6作目。共同プロデュースのナイジェル・
ゴドリッチは90年代UKロックの頂点のひとつレ
ディオヘッドの『OK Computer』を前年に手がけ
ており、ベックとのタッグはこれが初。なるほど
響きはすっきりしたゴドリッチ印で、キッチュな
「Tropicalia」、ビートル風の「Dead Melodies」など
曲もツブぞろいだが、全体的にシングル集時代のア
ルバムのたたずまい。

Beck
Mutations
Geffen Records /
1998.11

ソングライティングの見本市のようだった前作から
一転、7作目では作家性を全面に、ソウル〜R&B〜
ゴスペル〜ディスコ〜エレクトロなどをグラマラス
に渡り歩きながらネオンカラーの音楽空間をつくり
あげていく。性的表現もふくめ、イミテーションっ
ぽさも従来どおりだが、だしぬけに登場するホーン、
節々のノイズや電子音や打楽器の使用など、聴くほ
どに心憎く、全能感にあふれている。音と饗応する
EYEのアートワークも秀逸。

Beck
**Midnite
Vultures**
DGC / 1999.12

Ween
ウィーン

魔神ブーグニッシュの使い、ディーン・ウィーンとジーン・ウィーンによって結成されたウィーン。その正体は、日本でいうと中2の時に知り合ったアーロン・フリーマン（ジーン）とミッキー・メルチオンド（ディーン）のユニット。音楽の話で盛り上がった2人は宅録で曲を作り始めた。そのパンキッシュで破天荒なポップ・センスがインディ・シーンで注目を集めるなか、92年にメジャー・デビュー。ボアダムズとの合体ユニット、Z-ロック・ハワイ、〈Grand Royal〉からデビューしたミッキーのパンク・ユニット、モイスト・ボーイズなど精力的に活動したが、12年にドラッグ問題が深刻化したアーロンが脱退して解散。しかし、ブーグニッシュは彼らを見捨てず、15年に再結成を果たした。

文＝村尾泰郎

Ween "At The Cat's Cradle, 1992" (Chocodog Records / 2008)

Ween
Chocolate And Cheese
Elektra / 1994.9

メジャー2作目にして、初めてスタジオでのレコーディングに挑戦。彼らの多彩なポップ・センスが花開いた。ヘヴィメタル、ソウル、ラテン、カントリーなど曲ごとにスタイルを変化。CMソング並みにキャッチーなメロディーに、パンクな毒気とノベルティっぽさを盛り込んだアレンジが見事。なかでも、ファルセットで歌い上げる「Freedom Of 76」。2人のプリンス好きが伝わる「Rose Are Free」、エディ・ヘイゼルに捧げられたメロウなギター・インスト「A Tear For Eddie」などソウルの導入が特徴。ずっとシャッフルで聴き続けていたいウィーン特製のジュークボックスみたいなアルバムだ。ジャケットのベルトのバックルにデザインされているのが彼らの守護神ブーグニッシュ。

Ween

鬼才クレイマーが主催する〈Shimmy〉から発表した２作目は、当時、２人が共同生活を送っていたアパートで全曲宅録された。パンクな衝動とサイケな混沌が交差しているあたりは、彼らが前座を務めたバットホール・サーファーズに通じるところもある。ヴォイスチェンジャーを使ったヴォーカル、レナード・コーエンのジャケットの引用など、子供がふざけて作っているような無邪気さが破壊力を生み出していて、インディ時代の代表作。

Ween
Pod
Shimmy Disc /
1991.9

奇跡のメジャーデビュー作。今回も宅録だが、サウンドはタイトにまとめられて彼らなりの洗練を感じさせる。シングル・ヒットした「Push Th' Little Daisies」に「I'm Looser」というフレーズがあるが、同時期に注目を集めていたベックと同じように負け犬から見たアメリカの歪んだ風景が曲から浮かび上がってくる。ローファイ期の集大成ともいえる本作は、エイフェックス・ツインのお気に入りの一枚でもある。

Ween
Pure Guava
Elektra / 1992.11

「航海」をテーマにしたコンセプト・アルバム。本作のために２人はビーチハウスを借りて宅録を始めたが、水道管が炸裂して機材がダメに。そんなトラブルを乗り越えて作り上げた本作は、これまで以上に音が作り込まれて重厚な手応え。アルバムに物語性を感じさせるところはプログレ的でもあり、ジャケのデザインをピンク・フロイドの作品を数多く手掛けたストーム・ソーガソンに依頼したところにも彼らの本気ぶりが伝わってくる。

Ween
The Mollusk
Elektra / 1997.6

90年から98年まで、9年間にわたる活動の記録をまとめた2枚組のライヴ盤。音源は時間も場所もバラバラに収録されている。彼らがいかに演奏することを楽しんでいたのかがわかる熱気と遊び心に溢れた音源で、フランク・ザッパのライヴ盤を思い出す瞬間も。3分前後のオリジナル曲を拡張してサイケなジャム・セッションを展開する「Poopship Destoryer」「Vallejo」の2連発（合わせて約1時間！）が本作のクライマックス。

Ween
Paintin' The
Town Brown:
Ween Live
'90'98
Mushroom / 1999.6

Guided By Voices

ガイデッド・バイ・ヴォイシズ

83年にオハイオ州デイトンでロバート・ポラードを中心に流動的なバー・バンドとして始動したが仕事の影響でスタジオ・バンド化。86年に私家盤EP『Forever Since Breakfast』を密かに制作、92年に『Propeller』で火が付きライヴを再開（ポラードのロック・スターがかった立ち振る舞いは有名）。95年に〈Matador〉、98年にメジャー内インディ的な〈TVT〉所属となるも02年に〈Matador〉に戻り04年に解散。その後10〜14年に、また16年に復活し今に至る。膨大な曲数、多すぎるディスコグラフィを持つUSインディ・ロックの偉大なカルトにして大いなる謎。

文＝天野龍太郎

Guided By Voices "Sandbox" (Halo / 1987)

1分台が中心の20曲を収めた7作目でGBVを象徴する永遠不滅の名盤（Pitchforkは本作を90年代のアルバム10位に選出）。借金苦で仕事に専念せざるを得なくなったロバート・ポラードが最終作として作ったが、〈Matador〉が配給を申し出て起死回生。60年代調の旋律が牽引する奇妙な題の「Hardcore UFO's」、70年代の発掘録音のようなガレージ・ロックとハードロックの隙間で鳴る「Buzzards And Dreadful Crows」、慈しみに満ちた「I Am A Scientist」……。ひん曲がったアンサンブルと断片的でどこか子供じみた詞が描出する万華鏡的ポップの果て。

Guided By Voices
Bee Thousand
Scat Records / 1994.6

Guided By Voices

当初500枚の限定盤（カヴァー・アートも手製）として発表され、東海岸のカレッジ・ロック・シンパの心を攫んだ出世作で伝説の一枚。主に1、2分台の曲（バンド史上最長の5分台も）をA、B面に14曲詰め込んだ構成はGBVらしいというほかない。ステージ・パフォーマンスに表れる通りロバート・ポラードの本質はザ・フーやデイヴィッド・ボウイや古（いにしえ）のガレージ・ロックだが、それが「こう」なるところにチャームがある。

Guided By Voices
Propeller
Rockathon Records / 1992.2
＊画像は96年のCD

「契約額は10万ドル近く、制作費はビール代を除けば約10ドル」という伝説は嘘か真か。『Bee Thousand』と並ぶ傑作で、〈Matador〉からの初リリースとなった8作目。宅録ローファイと短曲の美学は極まり、20秒台から2分台の28曲が収められているにも拘らず収録時間は41分。激しく単純な演奏でたった1分33秒の間に旋律のドラマを展開する名曲「Game Of Picks」を聴くべし。

Guided By Voices
Alien Lanes
Matador Records / 1995.4

「The Official Ironmen Rally Song」等勢いに溢れる24曲を収めた充実期の9作目。トビン・スプラウト、ミッチ・ミッチェル、ケヴィン・フェネルの「クラシック・ラインナップ」による解散前最後のアルバム。24トラック・レコーダーを用い心なしか明瞭な音になったが、キム・ディールやスティーヴ・アルビニらプロデューサー選びが難航し謎めいた作品に。が、それがGBVというもの。

Guided By Voices
Under The Bushes Under The Stars
Matador Records / 1996.3

〈Capitol〉からのメジャー・デビュー作になる予定だったが制作の遅れで〈TVT〉に移されたという曰くつきの11作目。センチメンタルな「Hold on Hope」や「Teenage FBI」を聴けば、澄んだ立体的音響とリック・オケイセックの指揮でローファイの靄に隠されていたパワーポップ的潜在能力が引き出され、ロバート・ポラードの類稀なセンスが露になったとわかる。が、セールスは惨敗。

Guided By Voices
Do The Collapse
TVT / 1999.4

Nine Inch Nails

ナイン・インチ・ネイルズ

トレント・レズナーを中心に、作品ごとに変化する演奏陣と、エイドリアン・シャーウッド、デイヴィッド・ボウイからAFXにいたる幾多のコラボレーターからなる流動的ユニット。インダストリアルからメタル、レゲエ〜ダブ、エレクトロ、ダーク・アンビエントと作風も多彩で、ゴチックな視点を軸にアルバム1枚で壮大な作品世界をたちあげる。方法論の一端は90年代の3作に顕著だが、作家活動のほかにも、ロラパルーザやウッドストックなど、同時代の巨大フェスでも観衆をひきつけるライヴアクトとしても90年代を牽引した。2016年には長年制作のパートナーをつとめた英国人アッティカス・ロスが正式メンバーに昇格し、円熟味を増したダークなサウンドをふりまいている。

文＝アート倉持、松村正人   photo by Rob Sheridan (CC BY-SA 2.0)

Nine Inch Nails
Pretty Hate Machine
TVT / 1989.10

デビュー作。インダストリアル・ミュージックの括りで捉えようとすると出遅れた感が否めないが、ポスト・パンクの低体温、ゴシックの反時代性、メタルの攻撃性を熟知するこの男は冷戦終結のギリ直前（湾岸戦争前年）に華々しく登場したのだった。その後のNINのアメリカン・ロックスターとしての王道的な展開を思えば、異端者然としたその佇まいとは裏腹にむしろポップ・ミュージックの領域をさらに拡張させたのではなかったか。シンセとビートの脈動の上で繰り返される音の堰き止めと放流。囁きと咆哮の反復。本作ですでに示されていたレズナーの音楽の基本設計と編集感覚に、個人的にはある時期のTKと同質のヒットメーカー特有の発明の才を感じる。（倉持）

Nine Inch Nails

デイヴィッド・ボウイのツアーに客演した際にはデュエットを果たし、リック・ルービンの働きによりジョニー・キャッシュが晩年にカヴァーした「Hurt」という曲は、若くして亡くなった友人のことを思い出すので気軽に聴くことができない。彼に自傷癖があったことを知っていたから。グランジ直撃世代であった筆者などは、前作「Broken EP」で暗黒的なヴィジュアルの数々をともなって突き詰められ、本作にも当然のことながら引き継がれている攻撃的なNIN流サウンドメイキング（このやり口は80年代インダストリアル的なプロパガンダを思わせる）にこそ当時は惹かれていたものだが、鬱の時代の到来を告げるような歌をしっかり聴かせる実直なアルバムでもあった。（倉持）

Nine Inch Nails
The Downward Spiral
Interscope / 1994.3

NINをスターダムに押し上げた前作より5年半のブランクを経てリリースされた2枚組。シンガーソングライターとしてのレズナーの才が際立つ、歌もの中心のアルバムという印象だが、歌の世界観を拡張／補完する役割を果たすサウンドの配置は、後の映画音楽の分野でのキャリアを予見するかのようにサウンドトラック的でもある。楽曲を形作る音に密室性／機械的な成分は控えめでコラージュが多用されたバンドサウンドといった趣き。（倉持）

Nine Inch Nails
The Fragile /
Nothing Records /
1999.9

近年では映像関係の仕事も少なくないレズナーの初期の映画音楽。とはいえスコアを書くのではなく作品に合う楽曲をコンパイルする方式で、同じ傾向の作品にオリヴァー・ストーン監督の94年作『Natural Born Killer』がある。その中身は、『Natural〜』が90年代前期のオルタナならこちらは後期というか、いくらか硬質でノイジー。P・クリストファーソンが声で参加しているが、コイルの提供曲はリンチにスルーされたという。

Various Artists
Lost Highway
(Original
Soundtrack)
Nothing Records /
1996.2

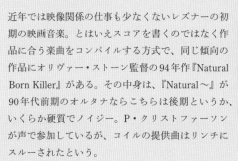

Jeff Buckley
Grace
Columbia / 1994.8

ティム・バックリーの息子ということや、ビーフ
ハートのマジック・バンドのゲイリー・ルーカス
が2曲を共作していることが通筋には話題となった
が、そうした事情とは関係なく、時代を超えた傑作。
バックリーは、97年にミシシッピ川で水泳中の事
故で早逝したため、本作はデビュー・アルバムにし
て、唯一のオリジナル・アルバムとなった。アンデ
ィ・ウォレスによるプロデュースは、グランジ時代
を反映した音作りで、全体的に静と動のレンジの広
い、ダイナミックでドラマティックな楽曲展開が特
徴。幽玄な歌声が聴き手を引きつける。レナード・
コーエンの「Hallelujah」のカヴァーは秀逸。父親
のことはまったく考えずに聴いていい。(畠中)

Sugar
File Under:
Easy Listening
Rykodisc / 1994.8

間にミニアルバムを挟んだ2年ぶりの2作目。皮肉
の利いたタイトルにはカブリを振りそうになるが、
針を落としてみるとなかなかどうしてまとまりよい
し聴きやすい。幕開けの「Gift」「Company Book」
の雪崩を打つような轟音はシュガーっ気たっぷり。
つづく「Your Favorite Thing」、数曲後の「Can't
Help You Anymore」のポップなメロディに乗せて
シンコペーションが決まっていく爽快さはえもいわ
れぬものがある。

They Might Be
Giants
John Henry
Elektra / 1994.9

『Apollo 18』のリリース後、その再現のため、オー
ディナリーズの鍵盤奏者とペル・ユビュのリズムセ
クションを加えたフルバンド体制でのぞんだ5作目
は、リネルとフランズバーグ、ふたりのジョンのポ
ップオタクぶりに親しんだオールドファンをとまど
わせるには十分なバンド・サウンド。ホーンもふん
だんで、ラテンからジャンプ・ブルースまで堂に入
っているのにかえってインチキくさいのがソンな性
分か。むろんアイデアは満載。

60年代に米国のサイケデリック・シーンから登場、70年代には英国のパンク、ポストパンクに深く関わり、80年代には独でコニー・プランクとも共同制作、そして突如90年代シカゴに再登場した新生レッド・クレイオラ。この時期のクレイオラは、メンバー不特定の集合体として活動し、本作では、トム・ワトソン、デヴィッド・グラブス、ジム・オルーク、ジョン・マッケンタイアらが参加。主宰のメイヨ・トンプソンと当時まだ20代のメンバーによってサウンドも一新され、新時代の勢いを感じさせる。40分に満たない収録時間内に17曲も入っているのもクレイオラぽいが、メンバーも素晴らしい演奏を惜しみなく出し切り清々しい。(畠中)

The Red Krayola
The Red Krayola
Drag City / 1994.9

90年代を通じてNYダウンタウン派をはじめとした前衛ジャズの根城だったナイトクラブ、ニッティング・ファクトリーのドアマンだったマイク・ドーティをフロントマンに、セバスチャン・スタインバーグとユヴァル・ガベイのリズム・セクションと鍵盤そのほかのマーク・デッリ・アントニら演者側の三者を配したコンボ・スタイルで、ジャズともラップ(というよりはポエトリー・リーディング)とも風狂なポップのどれともいいがたい音楽性が異彩を放ったファースト。濁った音色とループ風のタイム感、ビットレイトを落としたサンプラーやカシオトーンなど、反則的な音づくりが醸す空気感は90年代中期そのもの。いささかスノビッシュだがいまなお刺激的。

Soul Coughing
Ruby Vroom
Slash / 1994.9

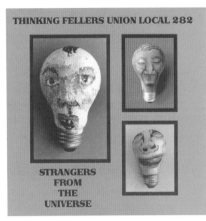

Thinking Fellers Union Local 282
Strangers From The Universe
Matador / 1994.9

曲をやっても自由研究でもなにかしらトンチの利い
たことをやってくれそうな実験集団の5作目。ロー
ファイの完成度をきわめた前々作『Lovelyville』(91
年)に較べると機材が盗難にでもあったかと思わせ
るほどの変化だが、ムードは健在、思わせぶりな即
興風の楽曲や自然発生的な小品などもれなく収録。
前年のEP「Admonishing The Bishops」を献呈した
サン・シティ・ガールズのリック・ビショップを彷
彿するエキゾなギター入りの「Hundreds Of Years」
など、掲題どおりのストレンジャーぶりだが、コミ
ュニティ志向やリベラリズムの色が強いのが彼らの
特徴。アニコレがキュレーターをつとめたATPフ
ェスに招くだけのことはある。

Brutal Truth
Need To Control
Earache / 1994.10

ニュクリアー・アソルトのベーシストであったダン
・リルカ率いるブルータル・トゥルースのセカンド
・アルバム。デビュー作はオーセンティックなグラ
インドコア/デスメタル路線だったが、ここでまき
散らす音の塊は凄まじく、ノイズ〜実験音楽、フリ
ージャズなどの要素を加え激昂テンションでぶつか
り合う、唯一無比のエクストリーム・ミュージッ
クを展開している。ジャームスのカヴァー「Media
Blitz」も壮絶。(寺町)

KoЯn
KoЯn
Immortal Records, Epic Records / 1994.10

グルーヴ・メタルとニュー・メタル/ラップ・メタ
ルを架橋する重要作。ジョナサン・デイヴィスの歌、
フィールディの5弦ベース、デイヴィッド・シルヴ
ェリアのドラムに象徴されるヒップホップからの影
響の昇華よりも陰惨さと暴力性を優先。カヴァー・
アートに表れたペドフィリアや児童虐待は取りも直
さず米社会の反映で、現在のディープ・ステイト陰
謀論にまで直結している。ゲイ差別語の乱発などあ
らゆる点で問題含み。(天野)

Melvins
Stoner Witch
Atlantic / 1994.10

ジャンルとしては鈍重ながら作品としてはたるみのない6作目。「Revolve」や「Goose Freight Train」ではバズの歌いっぷりとともにソングライターとしての成長がしのばれるが、本領発揮はアルバム後半。「Magic Pig Detective」の嘶くようなノイズや、不穏な静けさにつつまれた「Shevil」など、意想外の展開を次々くりだし、終曲「Lividity」ではきわめて抑制的な音響ながらドゥーム・メタルをしのぐ音圧に達するかのよう。

Silver Jews
Starlite Walker
Drag City / 1994.10

美術館で働いていたデヴッド・バーマンは、そこに展示されている作品に触発されて音楽づくりを開始。学生時代の友人、スティーヴン・マルクマス（ペイヴメント）を誘ってシルヴァー・ジューズを結成する。本作は彼らのファースト・アルバム。まるでモーテルを渡り歩く流しのように、カントリーの哀愁を漂わせたひなびた演奏に混じるオルタナ的歪み。バーマンの歌声には不思議な情熱がみなぎっていて、じわじわと引き込まれていく。（村尾）

Brainiac
Bonsai
Superstar
Touch And Go /
1994.11

後にイーノンとして万華鏡的ポップ・センスを花開かせるジョン・シュマザールが加わって初の作品となるセカンド・アルバムであり、彼らの方向性を決定づけた作品。ノイジーな不協和音の緊張感とバッド・テイストなほどに人を食ったようなポップネスのすれすれなバランスが、毒々しい色のお菓子のようにギークな世界観を確立した無比のオルタナティヴ。フォロワーバンド大量のインフルエンサー。四半世紀前にもう映えてた。（岩渕）

John Oswald
Grayfolded:
Transitive Axis
Artifact Music / 1994

サンプリングを駆使するプランダーフォニックスなる理論を提唱するカナダ人作曲による実例集。本作の引用の対象はかのグレイトフル・デッドのあの「Dark Star」。この曲がシングルで世に出た68年からリリース前年にあたる93年までの四半世紀、100を超える音源を解体し長大な音絵巻に編み上げる。方法論の例証であるとともにデッドヘッズの妄想の実現であり、ヒッピーイズムにひそむヤッピー根性（IT）を浮き彫りにする気も。

Blonde Redhead
Blonde Redhead
Smells Like Records / 1995.1

アルバムのプロデュースも務めたスティーヴ・シェリー（ソニック・ユース）のレーベル〈Smells Like Records〉からリリースされたデビュー作。フロントのギタリスト／ヴォーカルのカズ・マキノにキム・ゴードンが重なり、ソニック・ユースフォロワーと捉えられるが、バンド名の由来DNA直系のノー・ウェーヴでフリーキーなサウンドの背後に見え隠れする、パーチェ兄弟のジャズからの影響がそこはかとないアクセントになっている。（寺町）

Trans Am
TransAm
Thrill Jockey / 1995.1

ワシントンDC出身のトリオバンドがスリル・ジョッキーからリリースしたファースト・アルバム。クラフトワークマニアで"人力テクノ"と呼ばれた彼らもこの出発点ではハードロック色が濃く、時々不穏な電子音を挿入しつつ本気なのか冗談なのかわからないテンションでノイジー＆メタリックに攻め立てる。レッド・ツェッペリンのジョン・ボーナムを意識しているであろうセバスチャン・トンプソンのドラミングは驚くほど豪快。（寺町）

Royal Trux
Thank You
Virgin / 1995.2

このアルバムがリリースされたとき、こんなバンドだったっけと思った記憶がある、ヴァージンからの通算5枚目。なんとプロデュースは大御所デヴィッド・ブリッグス。メジャーを意識したのか、70年代風ストーンズを彷彿とさせるソリッドなロック・サウンドに変貌した。とはいえ、かなり危うげな（ゆえに魅力的である）同時代にアップデートされたロックであり、元プッシー・ガロアのニール・ハガティとジェニファー・ヘレマにしか作れない音楽。（畠中）

Presidents Of The United States Of America
Presidents Of The United States Of America
Columbia / 1995.3

2弦ベースと3弦ギターとドラムのトリオで「Lump」「Peach」などをたてつづけにヒットさせた合衆国大統領の第1作。飾らない佇まいと口ずさみたくなるメロディと気の利いたユーモアの三拍子で四拍子中心の楽曲をタイトにまとめあげる。キンクスやツェッペリンを想起する場面や、MC5の「Kick Out The Jams」をとりあげるとなれば、クラシックに範をとっているは明らかだが、ポップコーンなみに跳ねるリズムが独自性を保証。

Pavement
ペイヴメント

およそ30年後の世界から90年代をふりかえると、もっともオルタナなバンドはソニック・ユースでもニルヴァーナでもなく、ほかならぬペイヴメントであり、時代がくだれば、予想はやがて確信に変わるであろう——というまことしやかなウワサがながれはじめたのは2022年に2度目の再結成が巷間をにぎわしたあたりか。ご承知のとおり、ペイヴメントは99年の5作目をなんとかかたちにしたあと、解散の憂き目をみた。89年スティーヴン・マルクマスとスコット・カンバーグの録音ユニットとしてはじまったバンドは最終的に5人組となり、92年の初作を皮切りに90年代に、ヘナヘナなポップさに満ちたアルバムを5枚残している。2009年の再結成時はライヴ活動をとおしてペイヴメントへの根強い支持を確認する機会となったが、今回の再結成がもたらすのはいかなるレガシーか、そんなものとはまるで別のなにか。

文=松村正人、岩淵亜衣、澤田祐介

Pavement "Welcome To...Pavement" (Domino / 2007)

幕開けからノイジーで録音はチープ、総じてローファイだが、メロディは秀抜だし、ふとしたアレンジに閃きをみせるマルクマスに、カンバーグと録音場所を提供したヤングが援護するデビュー作。ドライヴする「Trigger Cut」からメランコリックな「Here」まで全14曲で傾向はさまざま。フォールのマーク・E・スミスを彷彿する「No Life Singed Her」などもあるが、本家ほどとっつきにくくはない、一方で、カート・コベインのような象徴的な人物をしつこくツクサそうとしているフシもあるし、歌詞は一貫して皮肉が効いている。それら屈折や両価性こそペイヴメントであり、1作目はその典型を提示するとともに90年代オルタナ史の旗印にもなった。

Pavement
Slanted & Enchanted
Matador / 1992.4

Pavement

Pavement
Crooked Rain
Matador / 1994.2

本作収録の「Cut Your Hair」のシングル・ヒット
はバンドの認知度を飛躍的にアップさせただけでな
く、インディ・バンドが音楽性をメジャーに合わせ
ることなくそのままの個性でヒットすることを叶
えた画期的な瞬間だった。「Range Life」ではセルア
ウトしたスマパンやストテンを茶化すなど、ひねく
れた言動はポスト・グランジ期に抜群にクールなア
ティチュードを提示した。アメリカーナやフリージ
ャズのテイストを取り込む逸脱したギター・ロック
はベックやガイデッド・バイ・ヴォイシズとともに
に"ローファイ"を再定義し、今日にも影響を及ぼ
し多数のフォロワー・バンドが今も絶えないという、
新しい流派の幕開けとなった。（岩渕）

Pavement
Wowee Zowee
Matador / 1995.11

それまではほぼスティーヴン・マルクマスが制作し
ていたが、今作で初めて当時の5人のメンバーがレ
コーディングに参加したという。そのためかローフ
ァイ感とダイナミズムが増し、ラジカルなパンク・
ナンバーやストレンジな小曲も織り交ぜ、オリジナ
ルは18曲で初めて1時間近い彼らにしては長いア
ルバムとなった。タイトルの由来は元ドラマーのギ
ャリー・ヤングがよく叫んでいた言葉とのことだが
もちろんフランク・ザッパ（「Wowie Zowie」）も想
起させる。アイコニックなアートワークの遊び心を
感じさせるパッケージングは音楽性と格別にマッチ
し、掴みどころのなさが今も考察を誘う珍盤となっ
た。（岩渕）

Pavement

これまでのペイヴメントの作品は解体（1st）→構築（2nd）→解体（3rd）という流れを繰り返してきたが、4作目は再び構築の方向へ。使い古されたロックのクリシェを回避する「外し」と「崩し」の感覚を保ちながら、後世に残るような心に訴える曲を作るというという難易度の高いミッションを両立させたソングライティングはまさに円熟の域に。ペイヴメント屈指の名曲「Shady Lane」をはじめ「Transport Is Arranged」や「Type Slowly」などメロウな名曲が揃っており、スティーヴン・マルクマスの願い通り、四半世紀を経た今もペイヴメント屈指の名盤として聴き継がれている。（澤田）

Pavement
Brighten The Corners
Matador / 1997.2

表題を日本語になおすと「逢魔時」となろうか。大きな禍の起こる暮れ方の刻の意で「大禍時」とも書く。5作目にして最終作となった本作で、ペイヴメントはバンド史上はじめて、レディオヘッド一味のナイジェル・ゴドリッチを招き、彼らのファンだというこの大物プロデューサーに変化を託したが、結果的に緊張と弛緩をブラブラと行き来し余剰の力を生み出してきたバンドの運動性を調停してダイナミズムを殺いだ観がある。ゴドリッチとは曲順でも意見がくいちがったらしく、2022年の「Farewell Horizontal」盤によれば真逆ともいえる方向性にひきさかれていたのがわかる。わかりやすくしたい派と集合無意識的にそれを避ける派の根源的な闘争。

Pavement
Terror Twilight
Matador / 1999.6

Mid 90s 104

sebadoh ...IN TOKYO

Sebadoh

セバドー

ハードコア・パンク・バンドのディープ・ウーンドを経てダイナソーJrのベーシストとして活動し、別ユニットのフォーク・インプロージョンでも知られるルー・バーロウが1986年にエリック・ガフニーと結成したセバドー。オルタナティヴ・ロック全盛の時代に、"ローファイ（Lo-Fi)"の代名詞と呼ばれ、ペイヴメント、ベックらと並んでシーンの中心的存在であった。ルー・バーロウ／フォーク・インプロージョンが音楽を担当した、ラリー・クラークによる映画『KIDS／キッズ』のヒットで彼らの知名度は広まる。現在ルー・バーロウはダイナソーJrにベーシストとして復帰し、並行してセバドー、フォーク・インプロージョンの活動も再開。

文＝寺町知秀

Live at *The Loft*: July 6, 199

Sebadoh "...In Tokyo Live At The Loft: July 6, 1994" (Bolide Records / 1994)

本作からジェイソン・ローウェンスタインが加わりトリオ体制でレコーディングされた〈Homestead〉からリリースの名作サード・アルバム。和解した今となっては微笑ましいが、軽快なメロディとは裏腹に辛辣な詞を乗せた当時のJ・マスシスへのアンチ・ソング「Freed Pig」で幕を開ける。ファスト・ハードコア・パンク曲「Sickles And Hammers」、「God Told Me」、突如絶叫する「As The World Dies～」のようなスカムな展開も時代の空気を思いっきり吸い込んだ痛快さに満ちている。フォーク・ロック、ギター・ポップ、パンクと曲ごとに自在に緩急が付けられ、その振れ幅の大きさは今聴いても面白い。

Sebadoh

III

Homestead / 1991.8

Sebadoh

ともにバンドを立ち上げたエリック・ガフニーが前作をもって脱退した後制作された、"ローファイ"ムーヴメントを象徴する94年リリースの傑作アルバム。弾けんばかりのギター・メロディがドライヴ感満載でぐいぐい引っ張る「License To Confude」、「Magnet's Coil」、「Rebound」を筆頭に、キャリアの充実ぶりがうかがえる楽曲が並び、捻じれてヨレながらも抜群のポップセンスで紡がれるポップソングが次々と飛び出してくる。「Give Up」のようなハードロックをパロディにしたギターリフでふざけてみたりお茶目な一面も。ジャケットに映し出された赤ん坊はルー・バロウが1歳の時のもの。

Sebadoh
Bakesale
Sub Pop / 1994.8

当時のティーネイジャーのリアルな実態をあぶり出した、90年代のインディ映画シーンにおけるモニュメント作品映画『キッズ』。写真家ラリー・クラーク監督によるこの映画は、その後ブレイクを果たすクロエ・セヴィニーのデビュー作であり、アンダーグラウンド・カルチャーの枠を飛び越えて熱狂的に受け入れられた。映画の音楽をルー・バロウ／フォーク・インプロージョンが担当し、フォーク・インプロージョンの楽曲が大半収められ、他にもセバドー、ダニエル・ジョンストン、スリントらを収録。今ならLoDownのようなヒップホップがメインに使われるに違いないが、当時のストリート・ミュージックには"ローファイ"がリアルだったということだろう。

Various Artists
Kids (Original Motion Picture Soundtrack)
London Records / 1995.7

Red House Painters
Ocean Beach
4AD / 1995.3

作品を重ねるごとにコズレックの存在感とともにアコースティックの度合いも増し、ことここにいたってほとんどカントリー・フォークの体だが、RHPらしい物憂げなムードに変わりはない。秘訣はおそらくその悠揚たる喉と、コードの鳴らし方にあり、方法論を集約した13分を超える終曲「Drop」こそスロウコアの白眉。RFPはその後2作を残し、コズレックのひとりのサン・キル・ムーンへ移行したが、2021年に性的スキャンダルを起こした。

Hum
You'd Prefer An Astronaut
RCA / 1995.4

「宇宙飛行士のほうがいいんじゃない」を意味する表題は7曲目の「I'd Like Your Hair Long」の一節に由来。マスロック的な構造とナンセンスな歌詞がきわだつ佳曲だが、本作で注目すべきはいうまでもなく前半の「Stars」。ラジオ局のヘビロテで火がつき最終的には映画やCMでも流れた、この曲のファズ・ギターの重厚な騒々しさと低体温な歌唱のとりあわせが時代の気分にぴったりマッチ、イリノイの4人組のエポックとなった。

Apples In Stereo
Fun Trick Noisemaker
spinART Records / 1995

90年代中盤のブライアン・ウィルソン再評価の機運のなかでひときわストレンジなサウンドで注目を集めた〈ELEPHANT 6〉の中核バンドのひとつ、アップルズ・イン・ステレオのデビュー作。フィル・スペクターをローファイにしたようなウォール・オブ・サウンドを漂う鼻歌のようなグッド・メロディと、アナログシンセのスペイシーな効果音によるSCI-FIな世界観が同居するUSインディ・ポップの金字塔名作。(澤田)

Ron Sexsmith
Ron Sexsmith
Interscope / 1995.5

現在も職人的気質で良質な唄を紡ぎ続けている90年代を代表するSSW。本作リリース前は郵便局に勤めながら音楽活動しており、31歳というかなり遅咲きのデビューアルバムだったが、何も奇を衒っていないにも関わらず曲の良さと誠実な歌い口でタイムレスな魅力を放ち続けている。一見地味に聴こえる唄の魅力を最大限に引き出したプロデュースと録音を手掛けたミッチェル・フルームとチャド・ブレイクの功績も大きい。

マドンナ路線でくすぶっていたカナダ人シンガーが
マドンナの〈Marverick〉に移籍を期にオルタナ化。
感情に率直で思ったことは口にするが、恋愛にも冷
笑的ではないというような、90年代的な女性像を
グランジを以後をみすえたタイトなバンド・サウン
ドに乗せて展開する。レッチリ（当時）のフリーと
D・ナヴァロを招いた「You Oughta Know」、彼女
の代名詞ともいえる「Ironic」などを収め、天文学
的な売り上げを記録した。

Alanis Morrissette
Jagged Little Pill
Maverick / 1995.6

やや試行錯誤状態だった前2作のモヤモヤを吹き飛
ばすかのごとく、オープニング「Do You Like Me」
から怒涛のテンションで疾走するキャリア後期の
傑作。同時期のソニック・ユースとの共振を感じ
る「By You」、「Target」のエクスペリメンタル～ノイ
ズロック的アプローチは圧巻で鋭く空間を切り裂い
ている。ストイックなアティテュードを貫き通しな
がら高い音楽性を獲得した彼らのひとつの到達点。
（寺町）

Fugazi
Red Medicine
Dischord Records / 1995.6

ピート・シーガー主宰の93年の反戦フェスに出演
するなど社会運動にも熱心なシンガー・ソングライ
ターの代表作。1989年、十代でたちあげた自身の
レーベルからデビューを飾ったのですでに6作目だ
が、原点回帰をはかるかのようにドラムのみをバッ
クにフォークギター一本で綴る楽曲はしなやかで力
強い。無意識の性差別をやんわり告発するようなタ
イトルは詩人の面目躍如だが、エキゾチックな声質
も耳に残るしギタリストの腕前もたしか。

Ani Difranco
Not A Pretty Girl
Righteous Babe Records / 1995.7

リリースから3か月後にヴォーカルのシャノン・フ
ーンがドラックのオーヴァードーズで死亡し遺作と
なった2nd。シャノン・フーンが生きていてバンド
と一緒に活動を続けたらどんな音楽に進化していっ
たのか。ルーツロックでもハードロックでもなくグ
ランジでもない説明しづらい据わりが悪さこそが彼
らの個性ではあったけど、いつか焦点があったさら
なる傑作を出していたかもと思えるポテンシャルが
あったのに。（澤田）

Blind Melon
Soup
Capitol / 1995.8

Screaming Headless Torsos
Screaming Headless Torsos
Discovery Records / 1995.5

シャノン・ジャクソンのディコーディング・ソサエティや上原ひろみのグループにも参加するギタリスト、デヴィッド・フュジンスキーのリーダーバンドの第1作は、ありきたりのフュージョンにはおさまらない言葉の真の意味でクロスオーヴァー。ラップからマイケル・ジャクソン風の嘆息、オランダのフォーカスを思わせるヨーデル風の歌い回しまで、軽業師のような身のこなしのヴォーカリストとフュジンスキーの言葉の真の意味での変態ギターが四つに組み旋回する。ジミの「Little Wing」、マイルスの「Jack Johnson」のテーマ、90年代の東欧を描いた「Wedding In Sarajevo」など、フリーキーさのなかに高度な技術と批評精神をしのばせた一枚。

Foo Fighters
Foo Fighters
Capitol / 1995.7

豪快なリフと翳りを帯びた和声進行、大サビの展開が心憎い「I'll Stick Around」にみえかくれするカートの残像と対話を重ねつつ、呪いのようにつきまとうパブリックイメージをふりはらうようにさまざまなスタイルに挑戦したデイヴ・グロール主宰バンドのデビュー作。もっとも収録曲の大半はニルヴァーナ在籍時に書きためていたものらしく、秀作特有の総花的な佇まいながら楽曲の端々ににじむソングライティングのセンスはときにカートをしのぐかと思わせるほど。録音は前年の10月の一週間で、カートの死から半年後にあたる。歌の表現力は発展途上だが、あの特徴的なドラムスをはじめ、ほぼすべてのパートをプレイしたサウンドそのものが朗らかに歌っている。

BFFに対しては本作のころは外野席で「Brick」が
ヒットした97年には完全に場外だったが、数十年
ぶりに入場してみると爆発的なサウンドのトリコ
に。ファイヴといいながらトリオなのはいまさらふ
れる必要もなかろうが、ピアノトリオの編成でイン
ディ・ポップをやること以前に、インディの語がパ
ンクを含意していたことこそ彼らの輝きの光源だっ
たとあらためて気づいた。いまでいう陰キャが主題
の「Underground」をはじめ、歌詞には時代や現状
への屈託が散りばめてあるが、演奏陣、ことにリズ
ム隊はポップ・パンク的なアグレッションを崩さな
い。いまも昔もたまにみかけるフォロワーが消費財
止まりなのはガワだけつくって音を聴かないからだ
ろうね。

Ben Folds Five
Ben Folds Five
Passenger / 1995.8

『Nevermind』のプロデュースで大成功を収めた
ブッチ・ヴィグが周りの手練れミュージシャンを集め
美女Vo.シャーリー・マンソンを置くという盤石の
構えで、信頼のおける"新人バンド"として鮮烈な
デビューを果たしたガービッジのファースト。前年
にNIN『The Downword Spiral』が大ヒットした土
壌にインダストリアルのエッセンスを持ったキャッ
チーで良質なオルタナ・ポップでまさしくシーンに
華を添えた。(岩渕)

Garbage
Garbage
Almo Sounds /
1995.8

アパラチアン・フォークとパンクのDIY性と90年
代のローファイ志向がウィル・オールダムのボヘミ
アン精神のもとで混ざり合い、この奇妙だが奔放な
ギター音楽が生まれた。まだ20代なかばの彼はす
でに愛と死と性を歌い、兄のネッドほかセバドーの
ジェイソン・ローウェンスタイン、そしてスティー
ヴ・アルビニといった当時のキーパーソンも参加。
いまも愛される「New Partner」を収録し、キャリ
アはじめの傑作となった。(木津)

Palace Music
Viva Last Blues
Drag City / 1995.8

Sparklehorse
Vivadixiesub-
marinetrans-
missionplot
Slow River / 1995.8

トム・ウェイツやPJハーヴェイも親愛の情を寄せたシンガー、マーク・リンカスのユニット。薬物禍からの再起を意味したこのデビュー作で、リンカスはその暗澹たる現実と奇妙なノスタルジーを朴訥としたフォーク・ロックや瑞々しいノイズ・ポップに封じ込める。8トラックで録音された粗く歪んだ音像は親密さよりも痛ましさを強調する。エリオット・スミスとも重なる、美しく胸を締め付けるようなサッド・ミュージック。(天井)

G. Love And Special Sauce
Coast To
Coast Motel
Okeh / 1995.9

老舗〈Okeh〉が手がけるヒップホップ以後のブルースとして注目を集めたファーストにつづく2作目。粘りつくようなアップライトベースとファットなドラムがループする幕開けから同時代性の目配せはぬかりなく、そのうえを濁ったギターをかかえ千鳥足で歩むかのごときGラヴのキャラクターはジョンスぺらとも異なる90年代型ブルースマンのスタイルを提示。「Kiss And Tell」はいま聴いても名曲。ニューオリンズの滋養も入っている。

Lisa Loeb & Nine Stories
Tails
Geffen / 1995.9

友人のイーサン・ホークの舞台用に手渡した「Stay」のテープがめぐりめぐって映画『リアリティ・バイツ』のエンディングテーマとなり大ヒット。レコード会社と契約を結ぶ前に全米1位を獲得するというシンデレラストーリーの主役となったSSWのファースト。真価を問う声も少なくなかったはずだが、バンドをしたがえ1年かけてつくりこんだ13曲は弾き語りベースの楚々とした楽曲からグランジ〜オルタナ風まで、時代のリアリティを映し出している。

Mercury Rev
See You On
The Other Side
Beggars Banquet /
1995.9

ベイカーが脱退、ジョナサン・ドナヒューがヴォーカルも担当。バンドの音もよりオリジナルになった。ヘヴィな轟音ギターは登場するが、シューゲイザー的なものではなく、轟音とリヴァーブのかなたにあった前作から変化し、音像がはっきりとし、楽曲の曲調も豊かになっている。「第三種接近遭遇」ではソウルフルなスキャットも登場するなど、アシッド・ハウスとの同時代性も感じさせ、さらにカラフルな世界が繰り広げられる。(畠中)

タイガートラップ、ゴー・セイラーのメンバーだった
ローズ・メルバーグが始めたガールズ・デュオ。
ドラムもベースもキーボードもなし、クリーントー
ンのギターの爪弾きのみをバックに淡いヴォーカル
・ハーモニーを載せたというこれ以上ないくらいシ
ンプルなサウンドだが、未完成さがよりエヴァーグ
リーンな雰囲気を際立たせている米国ネオアコの金
字塔的名作。ローズ・メルバーグは客演も多いがソ
ロ作品もどれも素晴らしい。（澤田）

Softies
It's Love
K Records / 1995.9

キャット・パワーのステージネームをもつショーン
・マーシャルのデビュー作。奥のほうにザラついた
手ざわりを残す厚みのある声と原石のようなギター
による沈み込むような歌世界ゆえ、のちにサッドコ
アの女王の呼び名をたまわるが、本作を聴けば、沈
静から激情まで、その表現は初手から振幅に富んで
いたとわかる。サポート役はスティーヴ・シェリー。
ソニック・ユースを思わせる曲もいいが、ギター一
本の「No Matter」の説得力たるや！

Cat Power
Dear Sir
Runt / 1995.10

シカゴの脱構築ロック・カルテットがジム・オルー
クをプロデューサーに迎えて制作したデビュー作。
キャプテン・ビーフハートの音楽を90年代的なポ
スト・ノーウェイヴやドタバタしたノイズ／マスロ
ックに転化させたと言えばいいのか、ブルースやロ
ックの定型を別の形に置き換える発想が見事。ZZ
トップに言及した曲名など皮肉はポスト・モダニス
ト的な顔つきだが、奇想と諧謔と騒音のアンサンブ
ルがそれを凌駕する。（天野）

U.S. Maple
Long Hair In Three Stages
Skin Graft Records / 1995.10

リフのみならず特異な和声感覚をあらわにした3作
目。前年のEPで活路をみいだしたアコースティッ
ク路線ではフォーク～ブルース感覚をにじませ、ヘ
ロイン中毒に苛まれたステイリーも、このときばか
り憑きものがおちたかのようなまっすぐな歌声を響
かせる、一方で「Nothin' Song」などにみえる奇矯
さも健在で、それらの秀逸なバランス感覚は次作へ
の期待も高めたが、ステイリーの逝去により現布陣
による最後の作品となった。

Alice In Chains
Alice In Chains
Columbia / 1995.11

Superchunk

スーパーチャンク

89年、ノースカロライナ州チャペルヒルでマック・マコーン、ローラ・バランス、チャック・ギャリソン、ジャック・マクックの4人で「チャンク」として結成。以降、DIYスタイルと人懐っこいインディ・ロックで厚い支持を受け続けている。結成と同年にマクガワンとバランスがレーベル〈Merge〉を設立、後にアーケイド・ファイアを輩出するなど「点」としての存在より「線」や「面」での影響力が絶大。91年以降のドラマー、ジョン・ワースターがマウンテン・ゴーツのメンバーでサイド・プロジェクトも複数。22年に12作目『Wild Loneliness』を発表。未だ現役の小さな巨人にしてインディ・ロックの理想形。

文＝天野龍太郎

photo by masao nakagami (CC BY-SA 2.0)

Superchunk
Here's Where the Strings
Come In
Merge Records / 1995.9

ニューイングランドにあるオルタナティヴ・ロックの聖地フォート・アパッチ・スタジオで録音された5作目にして代表作。詳細なクレジットはなくセルフ・プロデュースと思われる。マック・マコーンによるとショーン・スレイドやポール・コルデリーと録音したかったが願い叶わずエンジニアのウォリー・ガゲルと制作したという。以前よりテンポ・ダウンし（？）、ポップ志向で旅行記的な歌詞だというのもマコーンの言。何はともあれ幕開けの「Hyper Enough」にすべてが詰まっている。胸を締め付けるギターの旋律が映すものこそが90年代だ。「僕は弱くないよ、あの飲み物が強すぎたんだ」というラインの情けなさったらない！

Superchunk

90年のセルフ・タイトルド作に続く〈Matador〉からの2作目でパンク衝動とスラッカーぶりを貫く初期の傑作。スティーヴ・アルビニとシカゴ・レコーディング・カンパニーで録音、ギターのひりつきが特徴だ。重要曲「Throwing Things」「Seed Toss」はギターを掻き鳴らすとはどういうことかを教えてくれる。マック・マコーン曰く「若さの迸りと明晰な経験の理想的な手本を捉えている」。

Superchunk
No Pocky for Kitty
Matador / 1991.10

93年に〈Matador〉がメジャー流通を決めたため離脱、自身の〈Merge〉を拠点に90年代前半の無敵さと逡巡と憂鬱をバックした輝かしき4作目。まずはクラシック「Driveway To Driveway」を。結果的にアルバムの主題となったローラ・バランスとマック・マコーンの関係の終焉を映した悲痛で情けない名曲である。制作はスリント『Spiderland』を録ったブライアン・ポールソン。

Superchunk
Foolish
Merge Records / 1994.4

マック・マコーンのソロ・プロジェクトのセカンド・アルバム。極めてローファイで実験的かつ断片的なデモ集のような前作に比べるとバンドで吹き込んだ曲が増え、壊れたオルタナティヴ・カントリーの風合いが強まったがマコーンが一人で自由にカセット録音したものも多く、弾き語りや謎めいたドローン・フォークなども詰め込まれている。ポータスタティックは後に傑作『Bright Ideas』（05年）を生む。

Portastatic
Slow Note from a Sinking Ship
Merge Records / 1995.6

「異なる発想」を求め、ジム・オルークを共同制作者に迎えてシカゴのエレクトリカル・オーディオで録音した7作目。オルークらしい管弦楽器を配した室内楽的編曲がギター・ロックと溶け合わずにぶつかり合いながら同居、ミキシングの技も光る異色作。実験が奏功したかは微妙だが、表題曲的な「Hello Hawk」の感傷は繊細なストリングス＆ホーンズによりドラマティックに増幅され90年代末的な輝きを放っている。

Superchunk
Come Pick Me Up
Merge Records / 1999.10

Sunny Day Real Estate
Sunny Day Real Estate
Sub Pop / 1995.11

バンドの最初の解散の後に発表されたセルフ・タイトルド作、通称『LP2』。『ホワイト・アルバム』的なカヴァー・アートとライナーノーツを収録しなかったこと、「8」等の無機的な題は言語への不信（バンド名も皮肉だろう）とサウンドへの信念を表す。Pitchforkは彼らをフガジなどとラジオ向けポップ・パンクの中間点と評したが、つまり個人と「大衆」との結節点としての内省的エモがSDREなのだ。（天野）

Caroliner Rainbow Customary Relaxation Of The Shale
Sell Heal Holler
Bullshit / 1995

手描きの絵や文字と蛍光塗料に彩られた段ボール製の衣装に身を包み、19世紀に存在した歌う雄牛をテーマに掲げたこのサンフランシスコの楽団の全てのリリースは、リーダーGruxの別ユニットと同様コンセプチュアルアート的だが、巨視的に見ればアートや音楽といった表現行為の区分さえも度外視して越境する在りようは野生動物的。彼の仕事（なのか？）の全ては人間が排出するゴミを用いた不定形のブリコラージュ作品？またライヴを観たい、今こそ。（倉持）

Rocketship
A Certain Smile, A Certain Sadness
Slumberland / 1996.1

サクラメントのダスティン・ラスケをメインとするインディ・ポップ・プロジェクトの初作。60年代ポップスからの影響が濃い甘ったるいメロディと、シューゲイザー的な感覚を持つオルガン・ドローンを合わせているのが個性だ。男女によるどこかあどけないコーラスの応酬や幼い恋を描く歌詞が思春期性を強調しつつ、アンビエントやエレクトロニカを導入して、ただキャッチーなギター・ポップで片づけない実験精神も見える。（木津）

Cat Power
Myra Lee
Smells Like Records / 1996.3

ソニック・ユースのスティーヴ・シェリーに見出されたアトランタ出身のシンガー・ソングライター。"サッドコアの女王"とも評された彼女だが、この2作目を含む初期の作品では、同時期に英国を席巻したPJハーヴェイの向こうを張る生硬なブルースのマナーとパンキッシュな演奏がその仄暗いメランコリアに生々しい陰影を与えている。うめき声を上げながらギターを掻き鳴らす「Now What You Want」はまさに混乱の極み。（天井）

ジェフ・マンガムを中心とするルイジアナ州ラストンの4人組NMHは充実期の〈Merge〉を象徴するバンド。この初作を制作したのは90sインディの重要なコレクティヴ、〈Elephant 6〉の仲間であるアップルズ・イン・ステレオのジェフ・シュナイダー（マンガムはアップルズにも参加）。宅録を好むマンガムらしい極めてローファイな音像で、「ファズ・フォーク」という自称に相応しい。切なげな「Naomi」が名曲。（天野）

Neutral Milk Hotel

On Avery Island

Merge Records / 1996.3

シアトルに近いワシントン州イサクア出身、アイザック・ブロック、ジェレマイア・グリーン、エリック・ジュディ（12年に脱退）から成るモデスト・マウス。00年の『The Moon & Antarctica』まではどれも必聴だが、その後の成功を含むバンドの起点であるのが本作。ハーモニクスやヴィブラートを多用するブロックのギター演奏、ポスト・パンク的な奇妙なバランスのアンサンブル、捻れたリリシズム（本作のテーマは郊外生活の孤独と車での移動と極めてアメリカ的）はすでに確立されている。なおこのアルバムの前に〈K〉からのキャルヴィン・ジョンソンとのEPがあり、オリンピア・シーンとの繋がりも重要。（天野）

Modest Mouse

This Is a Long Drive for Someone with Nothing to Think About

Up Records / 1996.4

変調したエレキギターとベースで幽玄の音響空間をつくりだすウィンディ・ウェーバーとカール・ハルトグレンによるスペースミュージック・デュオ。古（いにしえ）のクラウトロックから同時代のシューゲイザーを経て新世紀のドゥームにいたるまで、アンビエントやドローンと親和性は指摘するまでもないが、境界線にあってインディ・ロックのニュアンスを堅持するスタイルはやはり貴重。「音の絵」と名づけた2作目ではふたりの筆づかいが堪能できる。

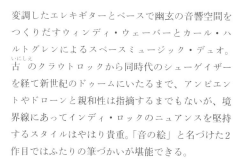

Windy & Carl

Drawing Of Sound

Icon / 1996.3

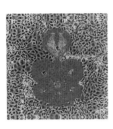

Bardo Pond
Amanita
Matador / 1996.3

フィリー・サイケの主翼、通算2作目は〈Matador〉から。軸となるのは創設メンバーのマイケルとジョンのギボンズ兄弟のギターで、その側面をタケダのベースが支え、イゾベルの声とフルートが彩りを添える。アモン・デュール風のセッションがネオサイケ的な音響空間に昇華するかのごとき楽曲が大半だが、一本調子におちいらず、ほどよい緊張感とグルーヴを保ちながらLP2枚組分の時間がすぎていく。表題はインドの幻覚剤の名称とのこと。

Bikini Kill
Reject All
American
Kill Rock Stars /
1996.4

90年に結成された彼女たちの活動はこのアルバムをもっていったん終了する。特にバンドの最重要人物のキャスリーン・ハンナは思想への逆風にも屈することなく、その後もル・ティグラやソロなどスタイルを変えて活躍を続け、その影響力は現在まで至る。扇動的でポジティヴなビートやメロディラインはそのままに、ミッド・テンポなナンバーでじっくりと表明するフェミニズムのスローガンのような作品でもあった。（岩渕）

**Rage Against
The Machine**
Evil Empire
Epic / 1996.5

4年ぶりの2作目はボトムアップしたグルーヴ重視型に。ラップをまじえた煽情的なヴォーカルも擬態語のようなギターも前作の延長線上だが、ロックらしい雑味は抑えめにひきしまったサウンドをくりだしていく。表題の「悪の帝国」とはレーガンの1983年の演説でソ連について述べたくだりを反語的に転用したもの。この言葉は20年後にはブッシュにより「悪の枢軸」といいかえられ、さらに20年後のいま、対露関係は新たな段階に入りつつある。

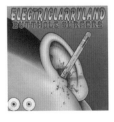

**Butthole
Surfers**
Electriclarry-
land
Capitol / 1996.5

耳ぶっ刺さりとリスさんの2パターンのジャケ作らせてメジャーにいってもご迷惑おかけしてますという感じですが、ベックが羨ましくて作ったとも言われる本作収録シングル「Pepper」は逆再生のギミックも話題を呼びビルボードTOP40入りでバンド最大のヒットを記録した怪曲。作品全体としては当時のいわゆるオルタナの枠から再び逸脱し、テキサス・サイケに回帰して進化させているようでもある。（岩渕）

わずか2作品で活動を終えたポルノ・フォー・パイロスのラスト・アルバム。前作はジェーンズ・アディクションの延長線上のサウンドであったが、ここではペリー・ファレルのソロ作と言っていいほどパーソナルで多様な音楽観がたっぷりと表現されている。盟友デイヴ・ナヴァロ、レッド・ホット・チリ・ペッパーズのフリー、そして敬愛するラヴ＆ロケッツというファレルにとって最強の布陣が参加。2022年には再結成ライヴを敢行している。（寺町）

Porno For Pyros

Good God's Urge

Warner Bros. / 1996.5

ゲフィン期最終作。前作でせり出していたノイジーさはいくらかやわらぎ、従前のパワーポップ路線に。サウンドが中庸なのはもったいないが、「Throwaway」とか「Everybody Is A Fucking Liar」とか、心情をしのばせるも、ポップさはもうしぶんない。「Hate Song」にはチープ・トリックの半分が参加、先達のバトンを継ぐかにみえたが、2010年代なかばのストリングフェローの性的問題でメンバーの離脱があいつぎバンドは終焉を迎えた。

The Posies

Amazing Disgrace

Geffen / 1996.5

ビート・ハプニング活動停止後にキャルビン・ジョンソンがスタートさせたローファイ・ダブ・ファンク・ユニットの2nd。「Tighten UP」を彷彿させる人懐っこいギターにキャルビンの低音ヴォーカルと素っ頓狂な掛け声のコントラストがキャッチーな名曲「Monkey Hips And Rice」や〈K〉の歌姫ロイスをヴォーカルに迎えたメロウなラヴァーズ・ロックな「Ship To Shore」収録の名作。（澤田）

Dub Narcotic Sound System

Boot Party

K Records / 1996.6

4ADへのUSからの回答と評された耽美的なサウンドを基調にさまざまなジャンルを行き来する作品を作り続けている奇才ウォーレン・デフィーヴァーを中心とするユニット。『Smile』期のビーチ・ボーイズをはじめ、サーフ・ロック、ダブ、ゴスペル、カントリーといった音楽の断片をジオラマに配置するように作られた作風はギレルモ・デル・トロの映画にも通ずる世界観で美しさの中にどこか不気味さも漂っている。（澤田）

His Name Is Alive

Stars On E.S.P.

4AD / 1996.6

Fiona Apple
Tidal
Work, Clean Slate,
Columbia Records /
1996.7

現在も強い影響力を持つカリスマの始点。アラニス・モリセットら同時代の女性シンガー・ソングライターと比較されるが、暗い情念が籠もった無比のアルト・ヴォイスがすべてを拒絶する。「私は悪い女の子だった／繊細な男をケアしてあげなかったから」（「Criminal」）。プロデューサーはアンドルー・スレイターだが、全曲でさまざまな楽器を操るジョン・ブライオンの仄かにアメリカーナ的なサウンド志向が特筆される。（天野）

92年の「Nearly Lost You」を除けばセールス上の成功もなかったため顧みられることは少ないが、グランジ・シーンの一翼を担ったシアトルの南東、ワシントン州エレンズバーグ出身の5人組。フロントに立ったのはカート・コベインとの交友やQOTSAへの参加で知られ、22年に死去したマーク・ラネガン。実質的な最終作であるこの7作目は冒頭の「Halo Of Ashes」からゲイリー・リー・コナーのエレクトリック・シタールが鳴り響き、60年代的サイケデリアへの傾倒を隠さない。メロトロンやタブラ、ジャンベ等も持ち込み幻惑的なサウンドは最大限拡大されたが、この先を生むことができず2000年に解散。（天野）

Screaming Trees
Dust
Epic Records / 1996.6

Melvins
Stag
Atlantic / 1996.7

メジャー三部作の最終作。これ以降は〈Ipecac〉や〈Amphetamine Reptile〉に活動の場を移すことになる。シタールのイントロが異色作を宣言する冒頭の「The Bit」、トロンボーンやスクラッチまで登場する「Bar-X The Rocking M」など、スタジオワークの粋を集めた楽曲が目白押し。ライヴ感には乏しいものの、管見ではストーナー・ロック界のXTCを称するバズ＆デイルのあふれんばかりの創意と工夫を堪能するにはうってつけ。

Soul Coughing
Irresistible
Bliss
Slash / 1996.7

大成功のファーストから２年後の２作目。ループするリズムの上で遊戯的かつ記号的な音色がとびかうスタイルは前作を踏襲したものだが、ヴォーカルはラップというよりはトーキング・ブルースにシフトし、結果ドーティの存在がせりだしてくる。反面音楽と非音楽のあわいを遊ぶ感覚は退潮気味で、曲がしっかりしてきたぶん、ドーティのヴォードヴィリアン的な資質がかすんでしまうジレンマも。「Paint」のような手探り感覚はおもしろいが。

Eels
Beautiful Freak
Dreamworks /
1996.8

マーク・オリヴァー・エヴェレットを中心とするイールズのデビュー作は、ダスト・ブラザーズのマイク・シンプソンの手腕が大きいのだろう、90年代なかばならではのサウンドが目立っている。ブレイクビーツ気味のドラミングの上でフォークやブルーズを編集していく感覚は、なるほどベックと比較されるのもうなずける。と同時に、ジョン・ブライオンによるチェンバー・ポップの要素が入っているのは本作のさりげない個性だ。（木津）

Olivia Tremor Control
Dusk at Cubist
Castle
Flydaddy / 1996.8

架空の映画『キュビスト城の夕暮れ』のサントラというコンセプトで制作された〈ELEPHANT 6〉を代表するOTCのデビュー作。サイケな60sガレージやソフトロック、初期ピンク・フロイドをローファイなサウンドで再現したようなマジカルなサイケデリック・ワールドは約3年間の歳月をかけ4トラックのMTRに演奏を重ねることによって作られた。初回盤は2枚同時再生用のボーナス・アンビエントCDも付属。（澤田）

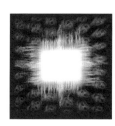

Tool
Ænima
Zoo Entertainment /
1996.9

複雑極まりない2001年の次作『Lateralus』に並ぶバンドのアートの完成形である2作目。フィスト・ファックを想起させる開幕の「Stinkfist」から力強さとグルーヴを優先、7拍子を交える「Forty Six & 2」で上昇し、「Hooker With A Penis」で極限に達する。コメディアンのビル・ヒックスへの献辞もただ迷宮を広げるのみ。なおカヴァー・アートはレンチキュラー。（天野）

The Folk Implosion
Dare To Be Surprised
Communion Label / 1996.8

ルー・バーロウがジョン・デイヴィスと始動したプロジェクト、フォーク・インプロージョンのファースト・アルバム『Take A Look Inside』と並ぶ代表作であるセカンド・アルバム。セバドーで聴かせる轟音のノイズギターは抑え目に、ユニット名に沿ったフォークをテーマにジャンク・テイストをふりかけつつオルタナティヴ世代のアシッド・フォークと呼ぶべきサウンドを鳴らしている。彼らの名が広く知られるきっかけとなった映画『KIDS/キッズ』サントラに収録の「Natural One」がこのアルバムからスマッシュヒット曲となった。脱力したほのぼのとした雰囲気は可愛らしいジャケット・アートからも十分伝わってくる。(寺町)

Cake
Fashion Nugget
Capricorn / 1996.9

キング・ミサイルやジェーンズ・アディクションら先達に連なるジャンル折衷型のロック・サウンドを誇り、同郷カリフォルニアのサブライムとともにその市場規模をメジャースケールに押し上げた一角。カントリー、フォーク、ソウル、ラップ、マリアッチやキューバ音楽も呑み込む雑食性は底が知れず、2作目の本作はプラチナレコードのヒットを記録した。所謂"ミクスチャー"というよりむしろベックとも並ぶホワイト・ファンクやアメリカーナの規格外として聴くのがUSオルタナティヴの文脈においては相応しく、その換骨奪胎の強かさはウィリー・ネルソンやグロリア・ゲイナーのディスコ・クラシック「I Will Survive」のカヴァーにより鮮明にうかがえる。(天井)

60年代のブリティッシュ・サウンドを素直に受け継いだパワーポップ・バンドのデビュー作。サエない男子たちが甘酸っぱいメロディのギター・ロックをやっている……のはウィーザーと似ているが、よりフォーキーなテイストがキーになっているのが彼らの魅力だろうか。メイン・ソングライターであるアダム・シュレシンジャーとクリス・コリングウッドのふたりでキャッチーなシングル曲を連発、一躍注目株となった。（木津）

Fountains Of Wayne
Fountains Of Wayne
Tag Recordings / 1996.10

〈Grand Royal〉の契約第1号だったガールズ・バンド。R&Bや70年代ソウル、ラウンジ、ボッサ、そしてヒップホップをミックスしてガレージ・ロックのように生演奏でラフに鳴らしたサウンドは、親玉のビースティ・ボーイズを始めベン・リーやショーン・レノンら当時の同レーベル周りでシェアされていたスタイルの一つ。音色豊かな鍵盤が彩るこの2作目では、よもやシー・アンド・ケイクを連想させるエキゾチカが香る場面も。（天井）

Luscious Jackson
Fever In Fever Out
Grand Royal / 1996.10

スワンズ＝マイケル・ジラは00年代前半に〈Young God〉でデヴェンドラ・バンハートらを輩出しニュー・ウィアード・アメリカの地下水脈を準備したこと、10年代の復活後に傑作の数々を発表したことなど常に特筆すべきバンドだ。90年代も充実作を残しており、解散前最後の最も実験的な本作はその象徴にして極点（98年のライヴ盤『Swans Are Dead』も必聴）。ジャーボーが歌う曲もあるが基本的にインストで、抽象的で反復的なロックやドローン、モンタージュのゴシック世界が140分にわたり波のように寄せては返す。なおジラは16年にラーキン・グリムから強姦で告発され、どう評価すべきか非常に悩む。（天野）

Swans
Soundtracks For The Blind
Young God Records / 1996.10

グランジ最盛期の93年、狂騒に背を向けるようにゆっくりと静かに歩みはじめたミネソタのロック・グループ。アラン・スパーホークのギターとミミ・パーカーのドラムを両輪に、ベースを加えたごく一般的な編成ながら抑制的な音数と音量によるゆらめくようなスタイルはスロウコアの筆頭格とも目される。バンドは94年に〈Virgin〉傘下の〈Vernon Yard〉からクレイマーのプロデュースによりデビュー。96年まで1年ごとにアルバムをリリースし地歩をかため、99年には〈Kranky〉よりスティーヴ・アルビニの手になる『Secret Name』をリリースし評価をいっそう高めるとともに、21世紀以降はかつてグランジのメッカだった〈Sub Pop〉を拠点に、ロックはもとより電子音や実験的な手法をみずからの語り口にとりこむなど、いまなお悠然とした歩みを止めていない。

Low
ロウ

文＝松村正人、天野龍太郎

Low 'Canada' (Rough Trade / 2002)

デビュー作にひきつづきクレイマーとタッグ。バンドの音響特性にぴったりよりそった録音は、ギターのクリントーン、ライドシンバルにふれるブラシの音などの高音部にうっとりする残響をふくませつつ、ハーモニーでは低音を活かし、各パートの定位もさらに奥行き豊かに。「Swingin'」の低声部を代用するようなキーボードには本作の構想に宗教歌や教会音楽があることをほのめかすようでいて「Turn」ではストーナーまがいリフを無表情に刻みつづける。初期ロウの総論にしてスロウコアの決定打。ジェシカ・ベイリフが撮ったインナーのライヴ写真も終末論的にすばらしい。レーベルがなくなったたからといって放置していてよいものではない。

Low
Long Division
Vernon Yard Recordings / 1995

LOW

ダルース出身のロウは21年にも傑作『HEY WHAT』を発表した現役の重要バンド。このデビュー作は後の激烈な音響からかけ離れた微睡みの中のインディ・ロックで、シンバルとスネア・ドラムをブラシで叩くミニマルなビート、それに乗るアラン・スパーホーク＆ミミ・パーカーの抑制的なハーモニーが無二の世界を展開。スロウコアの黎明を告げる陰鬱さに包まれている。クレイマーがプロデュースしたという点も重要。（天野）

Low
I Could Live in Hope
Vernon Yard Recordings / 1994.12

楽曲に焦点をあてポピュラリティを獲得したサード。「Anon」でハードボイルにはじまったかと思えば、フォーキーな「The Plan」へつづき、両者を低温で昇華させるような「Over The Ocean」へいたる冒頭の展開はスパーホーク＆パーカーのソングライターの資質の証ともいえるものだが、微細なハーモニーをおりなす「Mom Says」、朗々としたダブルヴォーカルの「Stars Gone Out」など、歌い手としての才を明らかにした作品でもある。

Low
The Curtain Hits The Cast
Vernon Yard Recordings / 1996

〈Kranky〉に移って第1作。前作までがモノクロームなら本作はカラーというのはカヴァーからも一目瞭然。ストリングスの参加もそのようなテーマに由来するのだろうが、いたずらにポップになるでも過剰な装飾を施すようでもない。ひとつの音色をいかに効果的に響かせるかに腐心している。ミミがブラシをマレットにもちかえるだけで、事件が起こったような気がするのはロウならでは。それをティンパニのように録るのはスティーヴ・アルビニ。

Low
Secret Name
Kranky / 1999.3

クリスマス・アルバムといえば、なにはなくともフィル・スペクターの『Christmas Gift For You』だということを冒頭の「Just Like Christmas」のもっさりした音の壁は弁えている。この企画盤は20世紀最後のクリスマスのロウな贈り物。定番曲よりオリジナルに耳がいってしまうは少しばかり恐縮だが、「Little Drummer Boy」の音響感覚は21世紀以降の歩みを予見している気も。「きよしこの夜」のハーモニーに心洗われる。

Low
Christmas
Tugboat Records / 1999

Mike Patton
マイク・パットン

フェイス・ノー・モア、ミスター・バングル、ファントマスなど、複数のバンド
の中核を担い、ジョン・ゾーンやモリ・イクエやエイヴィン・カンと即興空間に
身を置いたかと思えば、セパルトゥラやデリンジャー・エスケイプ・プランら
と協働作業に邁進する——マイク・パットンの活動履歴をふりかえると、折衷
主義が幅をきかせた90年代でもとりわけ多義的な人物像がうかびあがる。ほと
んど分裂的とさえいえるその志向性はラウド・ミュージックからソロ名義の実験
～即興音楽、はては映画音楽にひろがり、1999年にスタートした自主レーベル
〈Ipecac〉では後進を育てつつ、21世紀以後はトマホークやピーピング・トム
といった新バンドでさらなる分裂活動にいそしんでいる。

文=松村正人、岩淵亜衣

photo by tatu43 (CC BY 2.0)

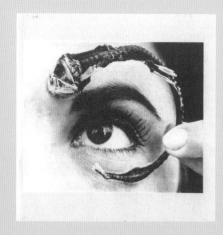

Mr. Bungle
Disco Volante
Warner Bros. Records / 1995.10

巷間ではフェイス・ノー・モアのフロントマンで名
のとおるパットンが、のちに先鋭的なジャズ界隈で
活躍するベースのトレヴァー・ダン、異能ギタリス
ト、トレイ・スプルーアンスら高校の友人と結成し
た音楽的原点にして実験の起点。活動開始は85年
だが初のスタジオ作はフェイス・ノー・モアのヒッ
トの余勢を駆って91年にジョン・ゾーンのプロデ
ュースによりリリースした同名作。2枚目となる本
作ではデス～スラッシュを基調に、中東、タンゴ、
サーフ、マンガ～映画音楽など、前作同様の雑食性
を前作以上のハイテンションで披露。形式よりも速
度、完成度よりも衝撃度をつきつめる即物性はザッ
パやゾーンには希薄なチャイルディッシュな魅力が
ある。

Mike Patton

前任者C・モズレーの薬禍での解任後、ミスター・バングルからパットンをヴォーカルに招いたメジャーデビュー作。80年代最終年のリリースだが、「Epic」や「Falling To Pieces」は90年代のファンク・メタル、グランジ〜オルタナの水先案内役の趣きも。無骨なギター・リフとメロディアスな鍵盤がややぎこちないリズム隊を補って外連味のあるサウンドをつくりあげる。ブラック・サバス「War Pigs」のカヴァーは思いのほかストレート。

Faith No More
The Real Thing
Slash / 1989.6

前作でのマイク・パットンの加入と彼がそれ以前から活動していたミスター・バングルの再始動がFNM本体にも大きく影響を与え決定的な転機となった4作目。前衛的でドラマティカルな楽曲構成でロディ・ボッタムのキーボードのウェイトが飛躍的にアップしたことで、まるで演劇や映画を見ているような音楽だけにとどまらない視覚的な表現力を持った独自のサウンドを彼らの王道として確立しつつ、メタル作品としても評価が高い。その一方、トレンドとして溢れていたラップ・メタル、ミクスチャー・ロックの牽引者としてさらにそのスタイルの枠を広げオルタナティブまで道筋を伸ばし合流させた重要な役割を担ったと振り返ることができる。（岩渕）

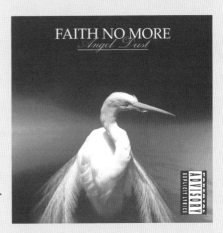

Faith No More
Angel Dust
Slash / 1992.6

自主レーベル〈Ipecac〉のカタログ番号1番はFNM解散後に結成した新バンド。盟友トレヴァー・ダンを要諦にメルヴィンズのギターとスレイヤーのドラムという遅さと速さをきわめた両名を配した両価的な布陣で、コミックスをもとに作曲したという、多くは1分に満たない楽曲が30曲。ボアダムスを彷彿するオノマトペを多用した歌詞は意味よりも動きの伝達に重きを置き、切片化したサウンドには強烈な身体性が滲み出している。

Fantômas
Fantômas
Ipecac Recordings /
1999.4

THE RED KRAYOLA　　　96
HAZEL

The Red Krayola
Hazel
Drag City / 1996.11

新生クレイオラ第2弾。前作にひきつづきデヴィッ
ド・グラブスやジム・オルーク、ジョン・マッケン
タイアらシカゴ派をふくむ集団制作体制で、前作以
上に滑らかさがきわだっている。鼻歌まがいのメロ
ディはメイヨ・トンプソンの十八番だが、本作では
その歌心を十二分にひきだすにあたり、各人あたう
かぎりのアイデアをもちよったといえばいいか。ク
リストファー・ウィリアムスやマイケル・ボールド
ウィンら、美術家の名前もならぶクレジットは加味
したのが音だけではないことを示唆するが、メイヨ
の、クレイオラのいうフリーフォーム・フリークア
ウトとはそもそもそのような集合、存在、運動の態
様をさしていた。90年代の重要作にして21世紀の
いまも未踏の領域。

Harvey Milk
Courtesy and
Good Will
Toward Men
Reproductive
Records / 1996

同性愛者を公言しサンフランシスコ市議に当選する
も、就任後一年もたたず同僚議員に射殺されたハー
ヴェイ・ミルクの名をいただくアセンズの4人組の
セカンド。ストーナー系のザクザクした重たいギタ
ーリフと、ドローン～音響の聴取感覚を対置する方
法論は静寂と轟音の落差を表現の中心に据えた一作
目の延長線上だが、アルビニを彷彿する音づくりに
より効果倍増。ドゥーム・メタルとアウトロー・カ
ントリーが同居するスタイルはほかにない。

**No Neck
Blues Band**
Letters From
The Earth
Ser / 1996

フォークやサイケデリック、フリージャズを下敷き
に手練のインプロヴィゼーションによってフリー・
ミュージックを展開する、ニューヨークの即興集団
の96年作。サーストン・ムーアが自身のレーベル
〈Ecstatic Peace〉から彼らの音源をリリースするな
ど、当時のシーンはアヴァンギャルド／実験音楽に
対する間口が広かったが、その中でも独自のアート
フォームで刺激的なサウンドを創出していた稀有な
存在であった彼らの代表作。(寺町)

80年代以降の米国に連綿とつづくハードコアの系譜はDIY文化をとおしてインディペンデントの精神を広く涵養したが、その特有のストイシズムやソリッドなスタイルは音楽を最小限のマテリアルに還元し、その差異に傾聴する価値観をも生み出した。ポストロックの枠に入るバンドや音楽家にハードコアに出自をもつものが少なくないのはこのためか。その傾向が思弁的な方法と合流すれば音の響きに焦点を結ぶだろうし、構造を強化すればマスロックとなり、感情の受け皿ともなろう。むろんその系譜の対極でポップなオルタナはひきもきらず、歌やメロディへの傾倒がすすんだのが90年代後半だった。

90年代後期

Late 90s

1996-1999

Elliott Smith
エリオット・スミス

ヒートマイザーに在籍する一方で、ソロ活動をスタート。〈Cavity Search Records〉からデビューを果たし、〈Kill Rock Star〉に移籍した97年にインディ時代の名作『Either/Or』をリリース。ガス・ヴァン・サント監督『グッド・ウィル・ハンティング〜旅立ち』に主題歌「Miss Misery」を書き下ろし、他にも「Between The Bars」「Angeks」「SayYes」を提供し注目を集め、98年のアカデミー賞授賞式のステージにも立った。メジャー移籍第一弾となる『XO』では管楽器やストリングスを導入するなど精巧なアレンジも加わった彼の代表作。惜しくも03年に他界。

文＝寺町知秀

Elliott Smith "From A Basement On The Hill" (Domino / 2004)

インディ時代最後の作品にして、次作『XO』と並ぶ彼の代表作となった佳曲揃いのサード・アルバム。簡素なアコースティック・ギターによる弾き語りがメインの前2作だったが、ここでは彼のルーツを辿るようなクラシカルなアレンジが施され、壊れそうなほどに繊細で内省的な歌世界に彩りを添えている。映画『グッド・ウィル・ハンティング〜旅立ち』の主題歌「Miss Misery」、抜群のメロディセンスがひときわ光るフレンドリーなギター・ポップ曲「Ballad Of Big Nothing」、聴くたびに感傷的にならずにいられないほろ苦くも優しいバラード「Say Yes」を収録。全篇奇跡的な音楽の輝きに満ち溢れている。

Elliott Smith
Either / Or
Kill Rock Stars / 1997.2

Elliott Smith

前作『Either/Or』と並ぶ屈指の傑作で、商業的にも成功を収めたメジャーレーベル〈DreamWorks Records〉移籍後最初のアルバム。『Either/Or』は現代のニック・ドレイクなどと称賛されたが、ここでは美しいストリングスの導入や精巧なアレンジメントで装飾されたバンド・サウンドを前面に打ち出している。「Baby Britain」はビートルズ、「Bottle Up and Explode!」はアレックス・チルトンやビッグ・スターが彼のルーツにあることを思い出した。タイトルもストレートに2曲のワルツ・ナンバーが収められていて、孤高のメランコリックな歌世界に凛とした佇まいを添えている。

Elliott Smith
XO
Bong Load / 1998.8

『XO』で獲得した多様なスタイルのバンド・サウンドをさらに押し進め完成させた5作目となるラスト・アルバム。一部の楽曲がアビー・ロード・スタジオで録音されたようにビートルズの影響がそこかしこに散りばめられている。マルチ奏者としての彼の音楽技術の高さも見逃せず、ここでもほとんどの楽器を自ら演奏し美しいオーケストレーションも相俟って驚くほど完成度の高い楽曲を作り上げている。ナイーヴな内面にスポットが当たることが多かったが、少なくとも最後に残された歌世界の中ではポジティヴなヴァイブレーションを残している。この後ジョン・ブライオンとの共同作業でリリースされるはずだった幻のアルバムを聴きたかった。

Elliott Smith
Figure 8
Bong Load / 2000.8

Brainiac
Hissing Prigs In Static Couture
Touch And Go / 1997.3

デビュー作からプロデュースを手がけていたガールズ・アゲインスト・ボーイズのイーライ・ジャニーの手腕が光る。バンドの硬質な面が引き出されタイトな疾走感が全体を流れる中、ムーグや変幻自在な声とエフェクトによる中毒性の高いフューチャリスティックなサウンドが炸裂し一気に絶頂へ。スティーヴ・アルビニが手がけたM12も珠玉。翌年のVo.ティム・テイラーの早すぎる死はオルタナ界の大きな損失だった。(岩渕)

Half Japanese
Bone Head
Alternative Tentacles / 1997.3

スイスのチェンバー・ロックバンド「Debile Menthol」のドラマー、ジル・リーデルがドラムと鍵盤のみならずミックスとプロデュースを担当。ローファイって演奏力や録音環境の乏しさから始まる音楽を長年かけて見守るというリスナー視点の育成プログラムだった？ってくらいに完璧な演奏を聴くことができるが、異音怪音が飛び交ったりパーカッションが無国籍感を醸したりと、やはりところどころ変。(倉持)

Palace Music
Lost Blues And Other Songs
Drag City / 1997.3

パレスにまつわるいくつかの変名で活動していたオールダムの活動初期のシングルやレア・トラック、ライヴ録音をまとめたコンピレーション。ゆえにまとまりには欠けるが、その分、この時期の重要な楽曲はかなり網羅されている。よれたカントリー／フォークが中心だが、メコンズ「Horses」の味わい深いカヴァーなど、バンド作品としても聴きどころが多い。このとりとめのなさこそが、オールダムの未来を照らしていた。(木津)

Pan American
Pan American
Kranky / 1997.3

作品を重ねるごとに語法を結晶化させていく音響トリオ、ラブラッドフォードと並行してマーク・ネルソンがたちあげたソロユニット。古巣はサイケを基調としたノンビートのポストロックだが、こちらはダブをベースに、抑制的ながらゆらめくようなグルーヴを駆使。方法論の力線は真逆だが、おどろくほど似通っているのは同一人物だから作家性が一貫しているからか。ドラムとダルシマーの客演を招いた「Lake Supplies」はやや浮き気味。

「ゆるいグルーヴとろくでなしのブルース」とでも
訳せばいいだろうか。80年代の西海岸を席巻した
スケードボードチーム「ボーンズ・ブリゲード」の
一員として成功をおさめたのち、音楽に転身した1
作目はタイトルがすべてというか、どこを切っても
まったりしたグルーヴといつはてるとも知らないレ
イドバック・サウンドがあふれだす。レイト90sの
チルアウトのひとつの典型だが、60年代後半のシ
スコ・サウンドの系譜にも連なっている。

Tommy Guerrero
Loose Grooves
& Bastard
Blues
Galaxia / 1997.3

ジム・オルークの作品にもゲスト参加している
〈Drag City〉の歌姫のデビュー作。オルークが録音
とミックスを手掛け、オルークに加え、デヴィッド
・グラブスとハイ・ラマズのショーン・オヘイガン
が演奏で参加。物憂げな歌声と乾いたギターやピア
ノを基調したシンプルで飾り気のないアレンジで
70年代アシッド・フォークの発掘音源といわれて
も信じてしまいそうなオールドタイミーな空気感が
漂っている名作。（澤田）

Edith Frost
Calling Over
Time
Drag City / 1997.4

ビキニ・キルからバトンを受け継ぐようなタイミン
グで新たなフェミニズムの旗手となったスーパー・
トリオの登場は、思想をさらに前進させる新しい希
望に溢れて輝いていた。ビブラートの効いたコリ
ンのヴォーカルとガール・ポップのようなコーラ
ス、痺れるようなキャリーのギター・パフォーマン
ス、ジャネットのオールド・スクールでパワフルな
ドラミングが、ここにしかない究極の比率のトライ
アングルを成している。（岩渕）

Sleater Kinney
Dig Me Out
Kill Rock Stars /
1997.4

ニルヴァーナでサポート・メンバーを務めたパット
・スメア、サニー・デイ・リアル・エステイトのネ
イト・メンデルとドラムスにウィリアム・ゴールド
スミスを招き、バンドらしいグルーヴとダイナミズ
ムを獲得した2作目。メロコア的なあっけらかんと
したサウンドで押したかと思えば、グランジ時代を
彷彿する重厚なリフワークも随所に響かせる。圧
力の高い「My Hero」の直後に遊び心を感じさせる
「See You」を置くなど、全体的に余裕綽々。

Foo Fighters
Colour And
The Shape
Capitol / 1997.5

Stars Of The Lid
The Ballasted Orchestra
Kranky / 1997.5

オースティンのアダム・ウィルツィー＆ブライアン・マクブライドが〈Kranky〉（2010年代以降も重要なレーベル）に移った3作目。重いインダストリアル・ノイズをずるずると引き摺り極度にメランコリックなアンビエントへ引き伸ばした78分の漆黒のドローン。あまりに早すぎた気がしないでもないがチル・アウトの裏面とも言える。2000年代以降のドローン／エクスペリメンタルやポスト・クラシカルに影響大。（天野）

Godspeed You Black Emperor!
F♯A♯∞
Constellation / 1997.8

エフリム・メナックらがたちあげたトリオに背びれ尾びれがつくように集団化し、リリース時点ではメンバーが10人を超えるまでになったケベックのポストロッカーのデビュー作。写真は同国の〈Constellation〉の原盤だが、およそ1年後に付加パートを追加し〈Kranky〉が再発。いまではより完全なかたちの聴取が可能だが、匿名的で秘教的な集団のあり方をふくむ全体像が伝わりやすいのは原盤であろう。片面につき1曲、ともに20分内外の楽曲はフィールド録音や政治的な主張を潜在させた人声のモノローグ、前衛音楽から裸のラリーズら日本の地下音楽からの援用など、多層的で、しばしば映像喚起的。グループ名を柳町光男の映画から拝借したのはあまりにも有名。

Free Kitten
Sentimental Education
Kill Rock Stars / 1997.9

ソニック・ユースのキム、プッシー・ガロアのジュリーでスタートしたデュオに、ボアのヨシミとペイヴメントのマークが加わった3作目。おまけにドラムはダイナソーのJで、DJスプーキーのリミックス入りという、人脈と時代を彷彿する要素も込みで、オルタナオースターの饗宴というべきであろう。むろん歌詞にLSDが登場する冒頭のフランス・ギャルのカヴァーから絶叫のうちに幕を引く終曲の「Noise Doll」まで、内容も保証つき。

Bardo Pond
Lapsed
Matador / 1997.10

前作にくらべるとシューゲイズな3枚目。
『Loveless』マナーの「Tommy Gun Angel」はもと
より、フォーク・ブルースにはじまりノイズロック
で終わる「Pick My Brain」やルーズなグルーヴを
くりだす「Straw Dog」など、米国らしさを強調し
た楽曲もおもしろいが、ポイントはやはり「Flux」
や「Aldrin」などの長尺曲か。つかず離れず探りを
入れるようなの展開から各パートが絡み合い、いつ
しか音の壁と化していくさまは圧巻。

Deerhoof
The Man, The
King, The Girl
Kill Rock Stars /
1997.10

クレジットの記載はThe Man、The King、The Girl
のみ。加入時には楽器のできなかったサトミ・マツ
ザキをヴォーカルに、グレッグ・ソーニアがドラム
スを、初期メンバーのロブ・フィスクがそのほかを
担当し、4チャンのカセットテレコで録ったという
ファーストはきわめつきのローファイだが、音楽的
な完成度よりも着想の愉快さや発見のおどろきに矛
先を向けている点にアート志向がうかがえるが、そ
ういうのこそオルタナなのでした。

現在はジャズのフィールドで重要作を連発するジェ
フ・パーカーがトータスとは別にたちあげたプロジ
ェクトで、ダン・ビットニーとジョン・ハーンドン
のトータス組と、シカゴ・アンダーグラウンド・オ
ーケストラのロブ・マズレクも参加。そのデビュー
作は、出だしこそ気を衒うふうでもないジャズなの
に1分すぎには突然のダブ操作が加わり、2曲目以
降もなんらからの仕掛けをほどこすことで、ジャズ
という演奏者の主体や身体とわかちがたく結びつい
た形式に、録音やポストプロダクションやメタ構造
などの視界を啓いた点で、ささやかながら重要な一
石を投じたといえる。ビットレートを落とした粗い
音像がかもすラウンジ・ジャズ風の味わいも効果的。

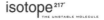

Isotope 217°
The Unstable Molecule
Thrill Jockey / 1997.11

Wilco
ウィルコ

もとはパンク・バンドとして始まり、オルタナティヴ・カントリーの代表となっていたアンクル・テュペロから中心人物ジェイ・ファーラーが脱退、ジェフ・トゥイーディを中心にして残されたメンバーで結成されたのがウィルコである。その成り立ちゆえか、いわゆるカントリーのイディオムからじょじょに距離を置き、90年代後半ごろから勃興するポストロックや音響の実験を果敢に取りこんでいくことになる（その成果は21世紀に見事に実る）。アメリカのルーツ音楽からの影響をたっぷりと鳴らしつつ、しかし伝統様式に囚われない姿勢は、アメリカーナの継承と更新を志向する後続のインディ・ロック勢の精神的な指標であり続けている。

文＝木津毅

Wilco 'Box Full Of Letters' (Reprise Records / 1995)

ギター・ポップの要素を増しつつも、まだアンクル・テュペロ時代のオルタナティヴ・カントリーを引きずっていた95年の初作『A.M.』からの音楽性の拡大を証明するように、2枚組全19曲となった2作目。当時の彼らが自分たちだけのアイデンティティを模索していたことがわかる。ただ、いきなりノイズから幕を開ける「Misunderstood」、高らかに鳴るトランペットがファンキーなムードを連れてくる「Monday」、室内楽の要素がアクセントになっている「The Lonely 1」など、わかりやすいヴァラエティの豊富さはバンドのポテンシャルを提示することとなった。おもにアレンジや演奏面で決まった形式を野心的に逸脱する姿勢もすでに見せている。

Wilco
Being There
Reprise / 1997.10

Wilco

メジャー傘下に移った4作目で、結果的に最終作となったアルバム。ファーラーの楽曲とトゥイーディの楽曲がほぼ交互に登場し、叙情的なフィドルが歌うカントリー・バラッドとギターがワイルドに鳴るサイケ・ロックが違和感なく共存する様は、いま振り返ると集大成的な趣も感じられる。よりオーセンティックなカントリーに向かうファーラーと、ポップなタッチを隠さないトゥイーディ——ふたりの分裂が顕著になった側面もあるが、パンク以降を踏まえつつアメリカン・ルーツへの敬愛を守護し、多様化したロック・バンドたちとも個性と完成度で渡り合った本作は、まさにオルタナティヴ・カントリーを定義する一枚として遺されたのだった。

Uncle Tupelo
Anodyne
Reprise / 1993.10

よりシリアスにカントリー（・ロック）を追求することを目指されたのが、ジェイ・ファーラー率いるサン・ヴォルトだ。ウィルコが2作目で音楽性を拡張したのは対照的に、同時代のロック・サウンドを意識しながらも、このバンドは本セカンド作でさらに深く鉱脈を掘っていく。フィドル、バンジョー、ラップスティールをあくまで伝統的なスタイルを逸脱させずに豊かに聴かせるマルチインストゥルメンタリストのデイヴ・ボキストと、渋く枯れた歌声をゆったりと響かせるファーラー。それはアメリカのより内側に分け入っていくようなアンサンブルであり、ニール・ヤングからの直接的な影響を見せつつも、さらに過去に遡るための歌である。

Son Volt
Straightaways
Warner Bros. / 1997.4

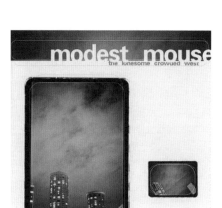

次作『The Moon & Antarctica』と並ぶ傑作、ポスト・グランジ期のオルタナティヴ・ロックの画期と言っていいマスターピース。ツアーの疲労、急発展と再開発がもたらしたイサクア近隣都市の変化を前にした孤独感、激化した消費資本主義下のキリスト教に対する絶望、貧困層の白人として暮らしたトレイラー生活の思い出……。引き攣ったギターとベースとドラムに乗せてアイザック・ブロックは悲痛な声で歌う。「生き延びるために必要なものがそんなに沢山あるんだね？」（「Teeth Like God's Shoeshine」）。ウィルコの『Yankee Hotel Foxtrot』より4年も早かった。（天野）

Modest Mouse
The Lonesome Crowded West
Up Records / 1997.12

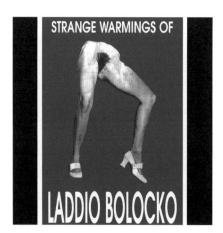

来日経験もあるダズリン・キルメンと、シカゴのノイズロック・バンド、パニックスヴィルの合体バンドで、ディス・ヒートらポスト・パンク〜ノーウェイヴの絶対的な影響下で、CANの響みにならうように即興や実験音楽の要素を融通無碍にとりいれたサウンドはきわめてスリリングかつユニーク。のちにマーズ・ヴォルタの結成にひと役買うブレイク・フレミングのタイトなドラムがサウンドの支柱だが、金属的な不協和音とノイズ発生器に還元したサックス、キーボードのクラスターとベースの通奏低音によるミニマリズムなど、高い緊張感と方法意識を保ったが、4年の活動期間中に2枚のアルバムを残しバンドは解散。すべての音源は2022年の『'97-'99』で聴ける。

Laddio Bolocko
Strange Warmings Of Laddio Bolocko
Hungarian / 1997

Yo La Tengo
ヨ・ラ・テンゴ

のちに夫婦となる元音楽ライターのアイラ・カプラン(g,vo)と著名なアニメーターの娘、ジョージア・ハブレイ(dr,vo)の2人が出会い、NYの対岸の郊外都市ホーボーケン（日本で例えるなら神奈川や埼玉）で84年に結成。92年にジェームス・マクニュー(b,vo)が加入以降は不動のラインナップで変わりゆく音楽シーンと絶妙な距離感を取りながら彼らにしか出せない独自のサウンドを進化させてきた。ブレイクしたのは結成13年後の8作目と遅咲きではあるが、同時代に活動していた多くのバンド達が解散などで歩みを止めたなかいまだにコンスタントにリリースもツアーも精力的にこなすUSインディの至宝といえる存在だ。

文=澤田裕介

Yo La Tengo "Summer Sun" (Matador / 2003)

マイペースに活動してきた彼らが結成13年目にしてブレイクするきっかけとなったUSインディの金字塔と称される8作目。最大のヒット曲となった「Sugarcube」、ヴェルヴェッツやテレヴィジョンの狂気が憑依したかのような轟音ギターの「Deeper Into The Movies」、ギター・バンドとしての枠組みを超えたオルガンとツインドラム編成のメランコリックな名曲「Autumn Sweater」、いい塩梅に力の抜けたフォークロックや内省的なバラード、ほのぼのとしたボサノヴァまで静と動を織り交ぜながら淡いサイケデリアと歌心を紡いでいく浮遊感のあるサウンドは彼らにしか鳴らせない味わいがある。

Yo La Tengo
I Can Hear The Heart
Beating As One
Matador / 1997.4

Yo La Tengo

Yo La Tengo
Fakebook
Bar/None / 1990.7

ヨ・ラ・テンゴのライヴの醍醐味といえば毎回必ず本編終了後のアンコールで演奏されるカヴァー曲コーナー。喜々として自分たちの好きな曲を演奏するコーナーだが、本作はその雰囲気の片鱗が味わえる初期カヴァー曲集。ダニエル・ジョンストン、NRBQ、フレイミング・グルーヴィーズ、キンクス等の隠れた名曲をチョイスする選曲センスも抜群だけど、引き算の美学が光る演奏とアイラとジョージアの息の合ったハーモニーも絶品。

Yo La Tengo
Painful
Matador / 1993.10

〈Matador〉移籍後初のアルバムとなった通算6作目。深い夜の闇がうっすらと白んでゆくようなオルガンの響きにのせて、仄かな希望を感じさせるVoと微熱を帯びたギターのフィードバックが絡むオープニング曲からYLTのインスト曲でも屈指の名曲「I Hard You Looking」まで一貫して真夜中に感じる心細さと高揚感を抽出したような蒼いサウンドが素晴らしい彼らの傑作群の序章ともいえる一枚。

Dump
Superpowerless
Brinkman Records / 1993

YLTに92年から参加のベーシスト、ジェームス・マクニューの宅録ソロのデビュー作。アイラとジョージアも少しだけ参加。ギター、ベース、ドラム、エーストーンのオルガンなどほとんどの楽器を自らこなし4トラックのカセットMTRで多重録音されたホームメイドで歌ごころ溢れるローファイ宅録作品。『ティファニーで朝食を』の「Moon River」、サン・ラ、NRBQ、シャッグスの2nd収録曲のカヴァーを収録。

Yo La Tengo
Electr-O-Pura
Matador / 1995.5

ソニック・ユースやマイブラ、ペイヴメント、ステレオラブといった同時代のバンドたちのサウンドとも共振する彼らのアルバムのなかでも最もオルタナティヴなギター・サウンドがフィーチャーされた7作目。YLTの膨大なレパートリーのなかでも屈指の人気曲「Tom Courtenay」と「Blue Line Swinger」を収録。郊外都市の日常の風景が浮かぶようなリリカルなトーンが全体を覆う傑作。

Yo La Tengo

ダンプ作品といえばジェームスの愛らしいイラスト
も魅力のひとつ。トレードマークともいえるウサギ
をフィーチャーしたアートワークが一際目を引く
2nd。シンプルな宅録作品だった前作からYLT作品
にも通ずる独得な浮遊感も出てきており、ロネッツ
の「I Can Hear The Music」やディラン、ファグス、
ボンゾ・ドッグ・バンド、ウルトラヴォックスなど
カヴァー曲のチョイスとアレンジは相変わらず絶妙。

Dump

I Can Hear
Music

Brinkman Records /
1995.5

90年代中頃までのB面曲、コンピへの提供曲など
を収録したヴォーカル編とインスト編の2枚からな
るレアトラック集。メンバー3人がヴェルヴェッ
ツ本人役（似てないけど）で出演した映画『I Shot
Andy Warhol』に提供した曲や、ビート・ハプニン
グ「Cast A Shadow」の朗らかなカヴァー、サーフ
風にアレンジされたラモーンズの「電撃バップ」の
軽やかなインストカヴァーなど聴きどころ満載。

Yo La Tengo

Genius + Love
= Yo La Tengo

Matador / 1996.9

全曲プリンスのカヴァーの宅録カセット作品。ボー
トラを加えCD化された際に本人に訴えられ発禁と
なり現在は中古市場でも価格が高騰。殿下をディス
っているようなタイトルだけど、「1999」（7拍子に
アレンジされた催眠グルーヴが絶品）のような代表
曲だけでなく「Another Lonely Christmas」のよう
にシングルB面にしか収録されていないようなマニ
アックな選曲も多いプリンス愛に満ちた逸品。

Dump

That Skinny
Motherfucker
With The High
Voice?

Shrimper / 1998.12

トレードマークのひとつであった轟音ギターは鳴り
を潜め、もう1つの彼らの核であるアイラとジョー
ジアの囁くようなハーモニーにスポットを当て内省
的な世界観を一層深めた9作目。音響系やポストロ
ックを消化した浮遊感と透明感溢れるサウンドで
YLTのアルバムのなかでも1、2を争う傑作として
名高い。ヒットした前作から直ぐこのサウンドに辿
り着いたからこそ、今の彼らのような息の長い活
動が続いているのだろう。

Yo La Tengo

And Then
Nothing Turned
Itself Inside-
Out

Matador / 2000.2

サンノゼ出身、元モヒンデルの3人によるスロウコアを象徴する決定的傑作で、共同制作はフィル・エク。〈Numero Group〉が発掘し再評価を促したことも記憶に新しい。テープ・ノイズで薄汚れた音像、曲ごとにバラつきのある質感がもたらす違和感、抑制的で気怠く拙いミニマルな演奏、突如として暴れ出すファズ、過度にディプレッシヴな囁き声の歌、絶望しているが故の夢見心地と奇妙な温かみ……。極度にローファイな「Inside Out」はこのバンドらしさを端的に表し、続く表題曲の陶酔的なうねりはスペース・ロックに紐づけられる理由を物語る。バンドは18年に復活、22年にも突如新作を発表しファンを驚かせた。(天野)

Duster
Stratosphere
Up Records / 1998.2

ファズ・ノイズの壁が塗り込められ、ジェフ・マンガムの歌とアコースティック・ギターが疾走し、祝福のホーンズが鳴り響き、目眩くサイケデリアを醸成する。『アンネの日記』に着想した詩世界、ミュージカル・ソー等ウィアードな楽器を用いた楽隊が、20世紀初頭の葉書を翻案したカヴァー・アートとともに奇想と幻想のアメリカを描く。特に「The King of Carrot Flowers」二部作から「Holland, 1945」に至る前半の素晴らしさは筆舌に尽くし難い。90～2000年代のインディ・ロックにおいて避けて通れない金字塔的傑作で〈Merge〉を代表する一作だが、その評価が後年マンガムを苦しめた。(天野)

Neutral Milk Hotel
In the Aeroplane Over the Sea
Merge Records / 1998.2

マッケンタイアの元を離れセルフプロデュースでの
ぞんだ3作目。ど派手なドラムを軸にしたハードコ
アで幕を開けたかと思えば、クリック音を前に出し
たニューウェイヴにスイッチし、ふたたびハードコ
ア——と、ジグザグの構成はいささか分裂的だが、
IDM的な電子音響を経て、後半にいたるころには
幾多の記号を巧みに調停するトリオの手腕に嘆息す
ることうけあい。ドライな質感とユーモラスな作風
も見事にマッチ。次作ではヴォコーダーに開眼。

Trans Am
The
Surveillance
Thrill Jockey /
1998.3

90年代を語る上で今も重要なライオット・ガール。
中でもガレージ・パンク寄りのLA、ロングビーチ
の4人組の4作目。当初の直球パンクから自覚的進
化を果たした結果ブルースやオルタナティヴ・ロッ
クに広くアプローチ（プロデュースはゴリーズのミ
ック・コリンズ）、激しいノイズ・ロックに乗せ「私
は泣いている」と繰り返す冒頭曲から特にギターが
素晴らしい。バンドの到達点と言える充実度だが最
終作になった。（天野）

Red Aunts
Ghetto Blaster
Epitaph Records /
1998.4

『Nevermind』や『Dirty』を手がけた90年代の名匠
ブッチ・ウィグ率いるバンドの2作目。かたやアル
ビニのアナログ主義とは対照的に全編Pro Toolsで
録音されたサウンドは、シューゲイザーやインダス
トリアルなどUSオルタナティヴの意匠をループや
打ち込みを多用したプロダクションを通じてハイブ
リッドなモダン・ロックに定着させている。Vo.の
シャーリー・マンソンはライオットガールとZ世代
の橋渡しとして近年存在感を増している。（天井）

Garbage
Version 2.0
Mushroom / 1998.5

チャド・ブレイクとのコンビで音の質感や歪みにこ
だわった独特な音響アプローチで数々の作品に関わ
ってきた人気のプロデューサー、ミッチェル・フル
ームの1stソロ作。当時の奥さんであったスザンヌ
・ヴェガやラテン・プレイボーイズ、シェリル・ク
ロウ、ロン・セクススミス、チボ・マットの羽鳥美
保などさまざまなアーティストをゲストに迎えた無
国籍で妖しい雰囲気が全体を包む怪作。アナログで
聴きたい音だけど未LP化。（澤田）

**Mitchell
Froom**
Dopamine
Atlantic / 1998.5

Rufus Wainwright
Rufus Wainwright
Dreamworks / 1998.5

両親とも音楽家という一家に生まれ、古いオペラに魅せられ音楽を作り始め、父親がヴァン・ダイク・パークスに渡したデモがきっかけで、デビューがきまり2年の歳月をかけじっくりと制作された官能的ともいえる優雅な歌声が冴えわたる奇跡の完成度のデビュー作。アレンジを手掛けたヴァン・ダイク・パークスをはじめとする面々は親の七光りなんて関係なく彼の才能に心底惚れこんで最高のお膳立てをしたに違いない。(澤田)

Destroyer
City of Daughters
Triple Crown Audio Recordings of Canada / 1998.6

カナダ、バンクーバーのダン・ベイハーによるほぼソロ・プロジェクト、デストロイヤー。22年の『LABYRINTHITIS』も素晴らしいが、11年の『Kaputt』で一皮剥ける前から優れた作品が多い。インディ的な初期の牧歌性を聴けるのがこの2作目で、アシッド・ハウスが唐突に闖入する「The Space Race」など滑稽で肩の力が抜けた可愛らしい短曲が17並ぶ。後に〈Merge〉が再発。(天野)

John Lurie
Fishing With John (Original Music From The Series By John Lurie)
Strange & Beautiful Music / 1998.6

1991年から6回にわたり、ジャームッシュ、トム・ウェイツ、デニス・ホッパーらゲストがホスト役のルーリーと釣りをするテレビ番組のサントラで、演奏はラウンジ・リザーズ後、B・マーティン、C・ウィルソンふたりの打楽器奏者と結成したトリオ、ジョン・ルーリー・ナショナル・オーケストラが担当。LZ時代にはフェイク・ジャズの看板の影に見え隠れしていたルーリーの土俗的な資質を、お得意の飄々とした諧謔にブレンドしている。

Various Artists
Buffalo 66 (Original Motion Picture Soundtrack)
Will / 1998.8

90年代は映画における音楽の役割が変化した十年紀でもある。簡潔にもうせば、職業作家から自作自演ないし選曲家へ——ということになりそうな変化の起点はいうまでもなくタランティーノだが、決定打を放ったものこそ、ギャロだったのではないか。本作は監督・脚本・主演はもちろん、音楽までも担当したヒット作のサントラ。作中人物の心象風景によりそうギャロのダウナーな自作楽曲とクリムゾンやイエスの有名曲のバランスが絶妙。

レディオヘッド『OK Computer』のヨーロッパ・
ツアーの帯同をへて制作された2作目。ウーリッツ
ァーやハーモニウムなど鍵盤類からヴィブラフォン
やアコーディオンも弾くマルチ奏者ぶりがいかんな
く発揮され、管弦楽器のサポートも多数参加。かた
やラジオ・ノイズや多彩なエフェクト、アンビエン
トなエレクトロを配したサウンドスケープは抑揚と
実験性に富み、その危うい調和がリンカスの甘く陰
りを帯びた歌声を引き立てている。オーバードーズ
後の療養生活の日々が投影された歌詞は孤独と苦悩
に満ちていて、救いや希望は見当たらない。「天国
がある、そこに君のための星がある」と歌うダニエ
ル・ジョンストンのカヴァー「Hey, Joe」が胸に迫
る。(天井)

Sparklehorse
Good Morning Spider

Parlophone / 1998.7

彼らが頭角を現した90年代のサードクォーターは、
USオルタナティヴがラップ・メタルに侵食されて
いく時代の端境期。ロス・ロビンソンと制作した
2000年のメジャー初作はそうした趨勢を滲ませた
作品だったが、前作のこの2作目では彼らがルーツ
を置くエモやポスト・ハードコアのマナーがライヴ
録音と相俟って荒々しく抽出されている。後にマー
ズ・ヴォルタへと発展するダブの実験やプログレッ
シヴな演奏はまだ見る影もないが、そのシャープな
サウンドはUSオルタナティヴの黄昏を忘れさせる
一筋の閃光だった。 Vo.のセドリックのスパニッ
シュ訛りの効いた抑揚あるフロウにはヘンリー・ロ
リンズとザック・デ・ラ・ロッチャが混成した個性
がある。(天井)

At The Drive-In
In/Casino/Out

Fearless / 1998.8

Death Cab For Cutie
Something About Airplanes
Barsuk Records / 1998.8

90年代USインディ・ロックの空気をたっぷりと吸って、イノセンスと内向性を携えて登場したバンドの初作。メロディと歌はとことんエモーショナルだが、アレンジメントに目につきやすいひねりが置いてあるのはオルタナの時代性ゆえだろう。バンドはその後彼らの叙情性を磨きインディ・ヒーローへと登りつめていくが、本作には方向性を定めきれない迷いも見える。だが未完成であること自体の輝きが、ここに反射している。(木津)

Dub Narcotic Sound System
Out Of Your Mind
K Records / 1998.8

キャルビン・ジョンソンのローファイ・ファンク・ユニット、脱力したファンクをダブ処理したようなスカスカなサウンドの前作から歪んだベースの存在感が増え肉体的なグルーヴの曲が多くなった3rd。当時のキャルビンのガールフレンドだった女優のミランダ・ジュライもヴォーカルで参加。キャルビン並みにヘロヘロだけどフェミニンな魅力を振りまいてデュエットしている名曲「Out Of Your Mind」収録。(澤田)

Koяn
Follow the Leader
Immortal Records, Epic Records / 1998.8

96年の前作『Life Is Peachy』での成功後、この3作目で全米1位に達し躍進。アイス・キューブ、ザ・ファーサイドのスリムキッドトレ、リンプ・ビズキットのフレッド・ダーストの客演でラップ・シーンとの交流を明確化し、ニュー・メタル/ラップ・メタルを拡大させた。アンサンブルとヴォーカル表現はポップネスと折衷性(「Got the Life」はレイヴ)に昇華され、90年代の終着点として響く。(天野)

Cat Power
Moon Pix
Matador / 1998.8

USインディ女性SSWのパイオニア、キャット・パワーことショーン・マーシャルのブレイクするきっかけとなった4作目。危うさのなかにしっかりとした芯を感じさせるビタースウィートでハスキーな歌声は唯一無比の個性を放っており、なかなかなつかない野良猫のような佇まいだけれど、聴き手の懐にすっと入ってくる。その歌い方や声の重ね方は後進の00年代以降の女性シンガーに多大なインスプレーションを与えたはず。(澤田)

制作には前作のジョン・ブライオンやマイク・シンプソンも入っているが、このセカンドではむしろTボーン・バーネットやパルセノン・ハックスレー、リサ・ゲルマーノといった多彩なゲストが加わったことが大きく影響していると思われる。家族の相次ぐ死を経験したエヴェレットが内省に向かうなかで、よりソングライティングに重点を置いたことが伝わる一枚。深い悲しみと癒しを巡る本作を最高傑作に推す声も少なくない。（木津）

Eels
ElectroShock
Blues
Dreamworks /
1998.8

どこかフィリップ・グラス風なイントロに導かれ、クラシカルなストリングスやテルミンとともに、ドナヒューが爬虫類系ヴォーカルで歌い上げる「Holes」で幕をあける本作は、バンドの新時代を告げる傑作となった。自信を持って前作を作り上げた彼らは、その結果が期待したものから大きくはずれていたことでレーベルから解雇され、多大な借金を抱え、ドナヒューはうつ状態だった。全体的に轟音よりも甘美なオーケストレーションが前面化し、「すべての若き野郎ども」を思い出させる「Opus 40」や、「Goddess On A Hiway」といった佳曲は、これまでになく儚く美しい。レヴォン・ヘルムとガース・ハドソンが参加。（畠中）

Mercury Rev
Deserter's Songs
V2 / 1998.9

スモッグとパレスと並ぶ〈DRAG CITY〉が誇るSSWの1人、リアム・ヘイズのソロ・ユニット。元々はさまざまな楽器を用いフル・アレンジされたアルバムを作る予定だったが結局上手くいかず、デモ音源のようなピアノの弾き語りというスタイルでリリースされた未完成のデビュー作。雨の日が似合うこの世界観の余韻にいつまでも浸っていたいと思わせる孤高の存在感が素晴らしい。プロデュースはスティーヴ・アルビニ。（澤田）

Plush
More You
Becomes You
Drag City / 1998.9

Sam Prekop

サム・プレコップ

エリック・クラッジと結成したシュリンプ・ボートを経て、そこにアーチャー・プレウィット、ジョン・マッケンタイアが加わったザ・シー・アンド・ケイクのソングライター／シンガー／ギタリストとして活動。99年にはセルフ・タイトルのファースト・ソロ・アルバムをリリース。麗しく美しいウィスパー・ヴォイスで魅了したが、10年のソロ作品『Old Punch Card』でモジュラー・シンセを使った実験的なエレクトロニック・ミュージック作品をリリースし、ソロ名義ではそれ以降歌うことはなく現在まで電子音楽家として良質な作品を出し続けている。写真家、ペインターとしても知られ、音楽同様に繊細でリリカルなアートワークを披露。

文＝寺町知秀

Photo by Kurt Jansson (CC BY-SA 3.0)

Sam Prekop
Sam Prekop
Thrill Jockey / 1999.2

99年にリリースしたファースト・ソロ・アルバム。フロントマンとして活動するザ・シー・アンド・ケイクからアーチャー・プルウィット、ジョン・マッケンタイア、またチャド・テイラー、ジョシュ・エイブラムスという名うてのリズム隊が参加し、プレイヤーとしても名を連ねるジム・オルークによるプロデュースのもとレコーディングされた。ネオ・アコースティック、ソフトロック～ジャズ、ボサノヴァのフレイヴァーを多分に含んだ柔らかな音像が広がっていて、清涼感たっぷりにささやくように紡がれるサムの美しい歌声を堪能できる。同じ時期にリリースされたジム・オルーク『Eureka』と並ぶシカゴ音響／ポスト・ロックシーンが生んだ傑作"歌もの"アルバム。

Sam Prekop

シュリンプ・ボートのサム・プレコップとエリック・クラッジ、カクテルズのアーチャー・プレウィッド、バストロ、トータスのジョン・マッケンタイアという豊潤なバックグラウンドを持つ4人による94年リリースのファースト・アルバム。ジャズ、ソフトロック、ブラジル音楽などさまざまな要素がブレンドされた緻密なアレンジで奏でられ、ポスト・ロックシーンにおける新たな音楽的広がりを示した。ルー・リードをなぞるような歌唱を聴かせる冒頭の「Jacking The Ball」は初期の名曲。その後流麗なウィスパリング・ヴォイスを確立するサム・プレコップの歌声は、この頃はやや不安定ながらナイーヴで瑞々しいフィーリングを運んでいる。

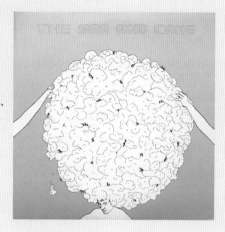

The Sea And Cake
The Sea And Cake
Thrill Jockey / 1994.5

ジョン・マッケンタイアがプロデュースを務めた95年リリースのセカンド・アルバム。そのジョン・マッケンタイアのアップテンポで硬質なドラミングが際立った楽曲が多く、『OUI』の頃の洗練されたモダン・ポップス路線からは考えられない、サム・プレコップのシャウトが飛び出す「Lamonts Lament」など、ロック・オリエンテッドな作風に仕上がっている。楽曲ごとに変化していく起伏に富んだ構成になっていて、「A Man Who Never Sees〜」、「Earth Star」のモンド風味も加わったインストゥルメンタル曲がアルバム全体に奇妙な味わいをもたらしている。サム・プレコップの手によるジャケット・アートも秀逸。

The Sea And Cake
Nassau
Thrill Jockey / 1995.3

Tortoise
トータス

まずダグ・マッコームズとジョン・ハーンドンが動きだし、バストロ組のジョン・マッケンタイアとバンディ・K・ブラウンが合流、そこにダン・ビットニーが加わって結成された"キング・ポストロック"トータス。音楽シーンにおいて大きく潮目が変わりはじめた1990年に始動し、シカゴ音響派インストゥルメンタル・バンドの顔役として型にはまることなく常にチャレンジングに自らを更新し、時代の先端を行く刺激的な作品を多く残している。ほとんどのメンバーの活動歴／ルーツにはハードコア・パンクがあるが、その自由な精神性と類稀なる審美眼で多様な音楽ジャンルをミックスし、シーンにまったく新しい地平線を切り開いた。(寺町)

文＝寺町知秀、澤田裕介、松村正人   Tortoise "FACT Mix 541" (FACT Magazine / 2016)

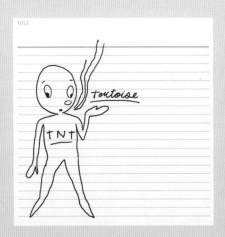

ポストロックの金字塔としてしばしば語られることが多い傑作アルバム。ジョン・マッケンタイアが所有するソーマ・スタジオでレコーディングを敢行、プロ・トゥルースを導入し、生演奏とデジタルの見事な融合を試みた彼らを象徴する作品。「I Set My Face To The Hillside」はエキゾティックな抒情性が溢れ出し、「The Suspension Bridge At Iguazu Falls」ではニューエイジとジャズの交錯点を音空間に浮かび上がらせる。「Ten-Day Interval」、で鳴らされるシンセサイザーの音色と反復を繰り返すヴィブラフォンの響きは、"音響派"の到来を印象づけた。(寺町)

Tortoise
TNT

Thrill Jockey / 1998.3

Tortoise

ダグ・マッコーム、ジョン・ハーンドン、ジョン・マッケンタイア、バンディ・K・ブラウン、ダン・ビッドニーという当時のシカゴ音楽シーン代表する5人の俊英が集結したセルフ・タイトルとなるファースト・アルバム。実験音楽とロックの融合を目指したグループの方向性はまだ手探りの状態でありながらこの頃は生演奏の比重が高く、主旋律のギター・フレーズがリードするバンド・アンサンブルが繰り広げられる。とりわけ後半にかけて躍動感が弾け出す「Cornpone Brunch」がハイライト。ときおり加わるアコーディオンやヴィブラフォン、パーカッションがこの後カテゴリーを超えてクロスオーヴァーする複眼的サウンドスケープの登場を予見させる。（寺町）

Tortoise
Tortoise
Thrill Jockey / 1994.5

ジム・オルーク、スティーヴ・アルビニに、ジョン・マッケンタイア、バンディ・K・ブラウンのトータス勢も名を連ねた、デビュー作『Tortoise』収録の楽曲をリミックスした異色作。ジョン・マッケンタイアがヘヴィなダブ処理を施した「Alcohall」、スティーヴ・アルビニがミュージック・コンクレート風な前半から一転ミニマル・ジャズにアレンジした「The Match Incident」、ジム・オルークが現代音楽／ドローンに仕立てた「Initial Gesture Protraction」、マイク・ワットによるベース奏者視点でその音色を鮮やかに際立たせた「Cornpone Brunch」など聴きどころが多い好盤。（寺町）

Tortoise
Rhythms, Resolutions &
Clusters
Thrill Jockey / 1995

Tortoise

millions now living will never die

Tortoise
Millions Now Living Will Never Die
Thrill Jockey / 1996.1

トータス初期の傑作として名高いセカンド・アルバム。タイトルからも90年代台頭してきたクラブカルチャーへの意識を垣間見るオープニング曲「Djed」のインパクトが大きい。深海を遊泳しているかのようなノイ！を彷彿させるハンマービートに、音数を絞ったシンセサイザーのサイケデリックなトーンが陶酔感をもたらし、来るべき新しい音楽の登場を印象づけた。ジョン・マッケンタイアの緩急自在なドラミングとトータスの看板であるヴィブラフォンの調べが心地良い「Glass Museum」、ハードボイルドな味わいのギター・フレーズが哀愁を誘う「Along the Banks of Rivers」がとりわけ美しい余韻を残している。(寺町)

5lve Style
5ive Style
Sub Pop / 1995.5

のちにヒロイック・ドーズを結成するビル・ドーランが主導するシカゴの5人組。全編インストでドラムはジョン・ハーンドンだが、スタジオで実験に耽るでもないグッドタイムな——と書いて1曲目はツェッペリンの「Custard Pie」が下敷きなのに気づいたが、それほど肩肘張らない構えの1枚ということだろう。ポストロックというよりはレフトフィールドなブレイクビーツ、ないしトミー・ゲレロなどに対抗したサーフ音響派？

Papa M
Live From A
Shark Cage
Drag City / 1999.10

スリント、トータス(2ndと3rdに参加)といったポストロックの重要バンドをはじめとしてさまざまなバンドを渡り歩いたギタリスト、デイヴィッド・パホの幾つかの名義のシングルを経てリリースされたソロ・プロジェクト1作目。静かな水面に広がる波紋のような深淵な響きのギターによるミニマルなインスト作品。ポストロックの歴史の中では埋もれてしまったが今こそ再評価されるべきギター・ミュージックの名盤だと思う。(澤田)

カイアスの解散後にジョシュ・ホーミが始めたガンマ・レイが改名、ストーナー・ロックをよりトランシーかつヒプノティックに展開させモトリックなビートに乗せた本作でデビューした（ホーミはカンを参照したとも発言）。以前よりソリッドでストレートでポップでエッジが立っているが、バンドはこの後オルタナティヴ／ハードロック色を強めて独自性を獲得。アークティック・モンキーズなどへの影響は知られるところ。（天野）

Queens Of The Stone Age
Queens Of The Stone Age
Loosegroove Records / 1998.9

冒頭の「Rolling」や4曲目の「Blame」はのちにロニ・サイズとも仕事をするガベイによるドラムンベースへの早すぎたコミットメントに聞こえなくもない。というのは措くとしても、こと3作目にいたって基調はヒップホップから広義のクラブサウンドに移行。強烈なインパクは放たぬが前作ほどの迷いもない。脱力気味に「ぐるぐる歩きまわる必要はない」と歌うシングル「Circle」に冷静な現状認識とひと筋縄ではいかない韜晦をみる思い。

Soul Coughing
El Oso
Slash / 1998.9

『ピンク・アルバム』の制作中にバンドは解散状態となり（ジェレミー・イーニックがキリスト教の「新生」に傾倒したためという説も）、イーニックはソロに転向、ネイト・メンデルとウィリアム・ゴールドスミスはフー・ファイターズに参加し散り散りになった。が、映画『ザ・クロウ』への楽曲提供を端緒に再結成、メンデルを除く3人で本作を作った。イーニックの声は柔和に変化し、アンサンブルも繊細かつ神秘的に。（天野）

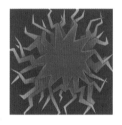

Sunny Day Real Estate
How It Feels to Be Something On
Sub Pop / 1998.9

初期のモデスト・マウスやビルト・トゥ・スピルと同じシーンで過ごし共鳴していた、シアトルの隠れた名インディ・ロック・バンドによる2ndアルバム。繊細なディストーション・ギターと柔らかく揺らぐヴォーカルがリズムの角を取って丸く包み込み、ポジティブで切ないメロディが耳に優しく響く。今も続く〈Suicide Squeeze Records〉は彼らのレコードをリリースするために設立されたレーベルである。（岩渕）

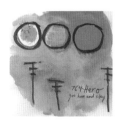

764-Heros
Get Here And Stay
Up Records / 1998.10

Silver Jews
American Water
Drag City / 1998.10

ドラッグ中毒に苦しみながら作り上げた3作目。曲のクオリティは高く、演奏はぶっきらぼうなのようで心がこもっているし、ギターから滲み出る叙情性は味わい深い。アレンジも練られていて、鼻歌めいたメロディーとほのかに漂うビザールさとのバランスも絶妙。まるで苦しみを音楽に昇華しているようで、カントリーに潜む闇を継承しながら飄々と歌うバーマンの孤高さが際立つ一枚。残念ながら2019年にバーマンは自ら命を絶った。（村尾）

Bright Eyes
Letting Off The Happiness
Saddle Creek / 1998.11

当初15歳だったコナー・オバーストの楽曲を発表するプロジェクトとして始まったブライト・アイズによるセカンド作。破れかぶれのローファイさ、落ち着きのない展開、アコースティックの生々しさ、そしてオバーストの不安定に揺れる声は、21世紀にエモ・カントリーと呼ばれるものの先駆けだった。彼が社会に目覚め、現代のディランと称されることになるのはもう少し先のこと。ここには子どもの痛ましく切ない苦悩がある。（木津）

Sleep
Jerusalem
Rise Above Records / 1998

引き摺るように遅延された埖を巻くグルーヴはドゥーム・メタルの究極形だ。当初約1時間の曲として作曲に4年程費やされ96年に録音されたがレーベルとの衝突で発表されず、ようやく98年に英〈Rise Above〉が、99年に米〈The Music Cartel〉がリリース。2003年に〈Tee Pee〉が未編集版を原題『Dopesmoker』として再発。複雑な経緯を含めてまさにカルト・クラシック。（天野）

Town And Country
Town And Country
Boxmedia / 1998

ザ・ルーツにも在籍したコントラバス奏者ジョシュ・エイブラムらによるカルテットのファースト・アルバム。ミニマル・ミュージックをアコースティック楽器による緻密なアンサンブルで室内楽に仕立て、静寂を浮かび上げる手法はその後のシーンの流れを作った。後にモロッコの伝統音楽グナワに傾倒するエイブラムのポリリズムの手法が特徴のひとつで、ズレの妙を生みながら反復していくフレーズに静かな高揚を覚える。（寺町）

闇が見える。死はすべての者に訪れる。あらたな名義に変えたオールダムは、沈鬱なピアノやギターとともに震える声でそんな風に歌い始めた。パレス時代よりもメロディックで親しみやすいフォーク・ソングを並べながら、主題は重く、陰影は濃く、感情は生々しく描かれる。ここにはブルーズとゴスペルが共存し、愛と孤独、病と狂気、そして生と死がかすかな音で揺れている。もはや世捨てびとの歌のようだった。それでもこのアメリカン・ゴシックに差しこむ一筋の光を聴き手は見出し、熱に浮かされたように語り／歌い継いでいく。のちに表題曲をジョニー・キャッシュがカヴァー、庶民が心の闇と向き合うためのものとして分かち合われた。(木津)

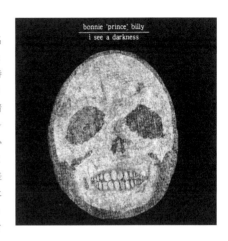

Bonnie "Prince" Billy
I See a Darkness
Drag City / 1999.1

シー・アンド・ケイクとの仕事で知られるケーシー・ライスを録音に起用し、テクノ的な音色を積極的に導入したことでベーシック・チャンネルを思わせるミニマル・ダブへの力線が先鋭化した2作目。機材環境などの限定性を逆手にとったと思しき前作から一転、多彩な音楽性に踏み込むが、ロブ・マズレクがコルネットで加わる「Double Rail」のようにいまではふつうのクラブ・ジャズにしか聞こえない楽曲も。「Code」にはロウのスーパーホーク夫妻が参加。

Pan American
360 Business /
360 Bypass
Kranky / 1999.1

現在は本名に戻ったビル・キャラハンのスモッグ時代の代表作。ジム・オルークのプロデュースで、〈Drag City〉を代表するもうひとりのSSWプラッシュことリアム・ヘイズや、実験ブルース・ギタリスト、ローレン・コナーズなども参加。キャラハンらしいローファイな弾き語りに、思いつくまま音を重ねたようなサウンドは悲しげな曲でもどこか乾いた余韻を残す。合唱団が登場する「Hit The Ground Running」からのラスト3曲がしみる。

Smog
Knock Knock
Drag City / 1999.1

Jimmy Eat World
Clarity

Capitol Records / 1999.2

ミッドウェスト・エモの次の波エモ・ポップを発展させた重要バンドの最高傑作。劇的な「Table For Glasses」から切なく甘い名曲「Lucky Denver Mint」への展開には目を見張るものがあり、プログラミングや編集を駆使した90年代後半的な音と構成力も見事。発表当時は売れなかったが、本作が撒いた種は確実に芽吹いた。「エモの『Led Zeppelin IV』」と呼ぶ者も。(天野)

Beaulah
When Your Heartstrings Break

Suger Free / 1999.3

〈ELEPHANT 6〉といえばポップなメロディとローファイでストレンジなサウンドが同居しているバンドが多いが、彼らのサウンドはホーンやストリングス、フルートなどさまざまな楽器を使用していても実験的な成分は抑えめで、初期ビーチ・ボーイズやビートルズ直系の親しみやすくスウィートなメロディが主役。先人の楽曲からの引用も上手く、中古市場での価格高騰もうなづける作曲の巧みさが光るインディ・ポップの名盤。(澤田)

Ladybug Transister
Albemarle Sound

Merge / 1999.3

レフト・バンクやアソシエーション等のソフトロックへの偏愛と『Pet Sounds』への憧憬が感じられる室内楽的なアンサンブルに中心人物ゲイリー・オルソンの深みのあるバリトン・ヴォイス。懐古主義だけに収まらずグラスゴーのベルセバ周辺とも共振するネオアコ的な感性ももったブルックリンのインディロックバンドの3作目。ジャン&ディーン「Like A Summer Rain」のカヴァーも素晴らしい。(澤田)

Latin Playboys
Dose

Atlantic / 1999.3

素晴らしい音楽性を示したデビュー作に続きリリースされたセカンド・アルバム。前作からさらに引き出しが増え、ベースであるラテン・ミュージックにとどまることなく無国籍ムードはマシマシに。チカーノ・アンビエント・ブルース曲「Cuca's Blues」や、沖縄音楽のテイストをふんだんに盛り込んだ「Mustard」をはじめ、曲ごとにボーダレスに国境を飛び越え、彼の地の旅情を運んでくれる演出はお見事。(寺町)

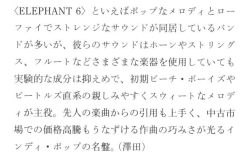

4トラックのMTRで宅録した音源に幾重にも音を重ねスタジオで再構築するという手法で、シカゴ音響系とは別のベクトルでポスト・プロダクションに意識的に取り組み、人懐っこくも刺激的なサウンドを生み出していた〈ELEPHANT 6〉を代表するユニットOTCの2nd。デビュー作ではガレージ・サイケ色が強めだったが、本作は中期ビートルズと『Pet Sounds』～『Smile』期のビーチ・ボーイズへの偏愛を感じさせるサイケデリックかつポップなソングライティングに磨きがかかり、ローファイな音質ながらも豊富な音楽ヴォキャブラリーと実験的なサウンド・メイキングで宅録ポップの枠を拡張した前作をさらに進化させた。(澤田)

Olivia Tremor Control
Black Foliage: Animation Music Volume 1
Flydaddy / 1999.3

90年代レッド・クレイヨラの作品に参加、現代アートのアーティストとして活動しハーバード大学で教授の職にも就いている異色のアーティストのジム・オルーク・プロデュースによる1st。エレピやギターの弾き語りを中心とした本人の演奏をオルーク、デヴィッド・グラブス、サム・プレコップ、ジョン・マッケンタイア等シカゴ勢の重要人物が揃ってサポート。まったく力みのない飄々とした歌い口がいい湯加減のSSW作品。(澤田)

Stephen Prina
Push Comes To Love
Drag City / 1999.3

14曲で45分。まさに量産体制だった。ギタリストのジョディ・ポーターとドラムのブライアン・ヤングを得てバンドとして完成したファウンテインズ・オブ・ウェインの本領が発揮され、ハードめのギター・ロックからフォーキーなアコースティック・ナンバー、スローなピアノ・バラッドまで行き来しながら徹頭徹尾ポップを貫いてみせた一枚。その愛くるしい存在感も広く認知され、その後の商業的なヒットの呼び水となった。(木津)

Fountains Of Wayne
Utopia Parkway
Atlantic / 1999.4

Built To Spill
ビルト・トゥ・スピル

元トゥリーピープルのダグ・マーシュが地元アイダホ州ボイシのブレット・ネットソン、ラルフ・ユーツと流動的なバンドとして92年に結成。95年に〈Warner Bros.〉と契約、インディ・ロック的実験をメジャーの場で展開するロール・モデルとして先駆しモデスト・マウスやデス・キャブ・フォー・キューティーらに影響を与えた。94年にマーシュはカルヴィン・ジョンソンとヘイロー・ベンダーズを始めるなどオリンピア・シーンとのつながりも。20年にダニエル・ジョンストンのカヴァー作をリリース、22年9月に〈Sub Pop〉から新作『When the Wind Forgets Your Name』を発表予定。

文=天野龍太郎　　　　　　　　　　Built To Spill "Ultimate Alternative" (C/Z Records / 1993)

90年代のインディ・ロックの幸福と成熟を祝うレコード、拡散する2000年代への橋渡しをした傑作、そして間違いなくBTSの最高到達点。前作のメランコリアと実験への反動、それらを引き継いだ両面があり、晴れやかな表情を湛えた魔法的で幻想的な独創性が迸っている。ダグ・マーシュの大胆かつ繊細なギターを中心としたアンサンブルは磨き抜かれ、名曲「Carry The Zero」の永遠に続くような至福の瞬間に凝縮されている。前半がめざましいが、クラシック・ロックの歌詞をコラージュしたポスト・モダニズム「You Were Right」、ヘヴィに駆け抜ける大曲「Broken Chairs」など後半も圧巻。

Built To Spill
Keep It Like a Secret
Warner Bros. Records / 1999.2

Built To Spill

ボイシのパンク・バンド、ステイト・オブ・コンフュージョンの3人に88年にダグ・マーシュが加わったのがトゥリーピープルで、拠点はシアトル（94年に解散）。ポモナの〈Toxic Shock〉とオリンピアの〈K〉からの2作品に続くこのEPはビルト・トゥ・スピルの初作もリリースしたシアトルのパンク・レーベル〈C/Z〉から。グランジほどヘヴィになり切れない青さが際立ち、驚きのスミスのカヴァーも収録。

Treepeople
Something
Vicious For
Tomorrow /
Time Whore
C/Z Records /
1992.4

モデスト・マウスらの作品をリリースしたことで知られるシアトルの〈Up〉からフィル・エクがプロデュースした2作目。前作の荒々しい試行錯誤を経て、チェロが彩る劇的な名曲「Car」、やけっぱちで感傷的な「Distopian Dream Girl」他でBTSの美学が結晶化。歪みだけでなくトレモロ、E-Bow等を駆使した繊細でドリーミーなダグ・マーシュの独特なギター・オーケストレーションが見事だ。

Built to Spill
There's
Nothing Wrong
with Love
Up Records / 1994.9

穏やかでメランコリックな幕開けから徐々にビルド・アップした後に波が引いていくような構成の「Randy Described Eternity」から圧巻の3作目。メジャー・デビュー作とはいえ実験と模索の手を緩めず、ポストロックやオリジナル・エモをBTS流に昇華させた複雑で異様な風合いのドラマティックでヘヴィな長尺曲が全編を占める。ディスコグラフィに似た作品がない永遠のカルト・クラシック。

Built to Spill
Perfect from
Now On
Warner Bros.
Records / 1997.1

オリンピア・シーンの最重要人物、ビート・ハプニングなどのカルヴィン・ジョンソンとダグ・マーシュによるプロジェクトの3作目で最終作。ローファイな前作、前々作に比べると随分洗練を感じる仕上がりで、ダブとインディ・ロックの幸福な出会いを刻んだ名曲「Virginia Reel Around The Fountain」、BTSファン必聴の「Love Travels Faster」が非常に魅力的。

**The Halo
Benders**
The Rebels Not
In
K Records / 1998.2

83年にオクラホマシティでウェイン・コインと弟マークらで結成、84年にセルフ・タイトルドEPを制作した。ヘヴィ・サイケ、ガレージ・パンク路線はマーキュリー・レヴのジョナサン・ドナヒューの参加やデイヴ・フリッドマンとの出会いが生んだ90年の『In A Priest Driven Ambulance』で変質。92年のメジャー・デビュー以降、ネオ・サイケデリア的プロダクションとポップなソングライティングを洗練させ幻想的なライヴ展開などで米国を代表するバンドの一つに。21年に結成メンバーのマイケル・イヴァンズが抜けてしまったがカリスマ=コインとスティーブン・ドローズを中心とした体制で活動中。

文=天野龍太郎

The Flaming Lips
フレーミング・リップス

The Flaming Lips "In A Priest Driven Ambulance" (Restless Records / 1990)

永遠のアンセム「Race for the Prize」のストリングス・シンセが胸を締めつけるのは予め「過去」が織り込まれた90年代的な響きだから。耳を劈くドラムやハープ、アナログ・シンセが絡み合う「A Spoonful Weighs A Ton」、ドラム・マシンに導かれ壮麗な場面転換で魅せる「The Spark That Bled」と冒頭の3曲を聴くだけで「突然すべてが変わった」とわかる。極めつきはシンプルな「Waitin' For A Superman」。彼らのキャリアと90sオルタナティヴ・ロックが想像し模索した「別の何か」の最もポップで美しい記念碑的成果にして2000年代への布石。

The Flaming Lips
The Soft Bulletin
Warner Bros. / 1999.5

The Flaming Lips

デイヴ・フリッドマンとの前作、前々作の後にジョナサン・ドナヒューが脱退、キース・クレヴァリーを共同制作に迎えたメジャー2作目で通算6作目。初期の騒々しさに比べ、初のラジオ・ヒット「She Don't Use Jelly」の親しみやすいメロディと音の差し引きが効いた編曲に以降のリップスのスタイルが透ける。一方奇妙なテープ・ループ、ナンセンスな詞世界、フォーク・ソング「Plastic Jesus」のふにゃふにゃとしたカヴァーなどユーモアは突き抜け気味。センチメンタルな「Superhumans」、ビートルズ的な「When Yer Twenty Two」といった歪んだギターに頼らない佳曲も。

The Flaming Lips
Transmissions from the Satellite Heart
Warner Bros. / 1993.6

デイヴ・フリッドマンがプロデュースに復帰した7作目は初期の集大成で中期の始まり、『The Soft Bulletin』への素晴らしき助走だ。ピンク・フロイドもビートルズも「カタログ」だった90年代的ネオ・サイケの美しき珠玉作で、ロナルド・ジョーンズが参加した最後の作品になったが奇妙なファズが暴れるギター・プレイは冴え渡っている。15年に20周年盤『Heady Nuggs』がリリースされた。

The Flaming Lips
Clouds Taste Metallic
Warner Bros. / 1995.9

4枚のCDをサラウンド同時再生する作品という仕掛けが悪名高い（？）8作目。カセット40本を同時再生する催し「The Parking Lot Experiments」を発展させたのが本作だが、『The Soft Bulletin』前夜のオーケストラルなサイケ・サウンドを宇宙的かつ不定形に展開。同時期のコーネリアス「Star Fruits Surf Rider」も同じ試みで90年代性を物語る。

Flaming Lips
Zaireeka
Warner Bros. / 1997.10

Adam Pierce

アダム・ピアース

ミュージシャンとしてキャリアをスタートさせた90年代初頭から、並行して自主レーベル〈Bubble Core Records〉をニューヨークで運営。自身が関わるプロジェクトの他、ファラオ・サンダース参加のジャズ実況盤や竹村延和の作品を有し、意外なところではシガー・ロスやμ-Ziq、ヴェネチアン・スネアズのリリースもサポートしている。マイス・パレードに関しては2000年代以降、自身やゲスト（レティシア・サディール、アキツユコetc）をヴォーカリストに置く機会が増え "歌もの" への傾倒を深める一方、ピアーズ本人はヴァシュティ・バニヤンやムームなどの作品でプロデューサー／客演として腕を振るう。クラムポン『id』（2004）のプロデュースも記憶に新しい。

文＝天井潤之介

Mice Parade "Daytrotter Session Oct 31, 2013" (Daytrotter / 2013)

ライヴ演奏とマルチトラックのオーバーダブで構成された没入感のあるオーディオ空間。かたや緩急自在にダイナミックな起伏を描くビート＆グルーヴ、かたやピアノやザイロフォンなどの鍵盤類、アコースティック・ギターの穏やかで涼しげな音色とが織りなすオーケストレーションの効いたアンサンブルが、基本たった一人の手によるものであることにあらためて驚かされる。アンビエントやダブ的な音作りを含むアトモスフェリックなサウンドスケープはそのままに、この2作目ではフラメンコやガムラン音楽の影響も聴き取れるエキゾチックな色味が徐々に前景化。多才を誇るピアーズが、マイス・パレードならでは個性の片鱗を窺わせ始めた作品でもある。

Mice Parade
Ramda
Bubble Core Records / 1999.10

Adam Pierce

主宰する〈Bubble Core〉からのデビュー作。関連
プロジェクトのジャズやラウンジのテイストを汲み
つつ、ソロ・プロジェクトとしての自由度を謳歌す
るように生演奏と電子音を密度高く組み合わせた起
伏のある多重録音が耳に愉しい。後年顕著となるア
フリカや中東音楽の影響はまだ影を潜めていながら、
フォークトロニカやエレクトロ・シューゲイザーも
含む手数の多さは、パーカッション奏者としての出
自に留まらない非凡さを物語る。

Mice Parade
The True
Meaning Of
Boodleybaye
Bubble Core
Records / 1998.10

ジャングル系DJのディラン・クリスティとのデュ
オとして始動。ヴィブラフォンとドラムをメインと
したセットをへて、この3作目は4人組のバンド編
成で制作された作品になる。ダイナミックで端正な
生演奏を軸としつつ、テープ実験やアンビエントな
電子音を絡ませたサウンドスケープはラウンジーな
ガスター・デル・ソルといった場面も。ヴォーカル
曲のアプローチには2000年代以降のマイス・パレ
ードへの導線も窺える。

**The Dylan
Group**
More
Adventures In
Lying Down
Bubble Core
Records / 1999

ピアースが加入して初作となるボストンの4人組の
3作目。もっとも大半は既発曲のリミックスで、残
りはジャムやフィールド・レコーディングなどで構
成されたイレギュラーな内容となる。当時点におけ
るピアースの貢献度は不確かだが、本人／マイス・
パレード名義のリミックスが披露するエレクトロニ
カとジャズとヒップホップの結合は〈Anticon〉や
〈Eastern Developments〉のカタログに紛れこまれ
ていても違和感がない。

Swirlies
Strictly East
Coast Sneaky
Flute Music
Taang! Records /
1998

ピアースが初期に在籍した3ピース・バンド。いか
にもローファイなインディ・ロックといった風情な
がら、ザイロフォンや波打つシンセ、電子ドラム
のループも配したアンサンブルは意外や音色ふく
よか。オルガンにのせて朗々と歌う "Moon River"
のカヴァーは愛嬌だが、クラウトロックやラウンジ
にも振れる巧者ぶりは後のピアーズの諸作への接続
も窺わせる。シー・アンド・ケイクやアセンズの
〈Elephant 6〉周辺と並べて聴きたい。

**The Philistines
Jr.**
The Sinking
of the S.S.
Danehower
Dot Dot Dash / 1995

Lightning Bolt
Lightning Bolt
Load Records /
1999.4

ギブソンとチッペンデールの両ブライアンによるド
ラムンベース・デュオで本来であれば21世紀枠だ
が、90年代に滑り込みセーフ。ステージではなく
フロアに機材をセットして狂ったような速度でノイ
ズを発するスタイルの萌芽もすでに確立。音は激烈
に悪いが、でなければ伝わらないなにかがあると確
信するかのようにたたみかける。米国のノイズロッ
クの根強さをみる思いだが、メルト・バナナやルイ
ンズなど日本勢の影響も吸収済みか。

Aimee Mann
Bachelor No. 2
Mobile Fidelity
Sound Lab / 1999.4

彼女の楽曲がフィーチャーされた前年の映画
『Magnolia』で脚光を浴びた、エイミー・マンの代
表作。その優れたソングライティングによって、さ
さやかに胸を打つ美しいメロディの数々が深淵な歌
詞で綴られている。冒頭「How Am I Different」で
"Fuck It Up"と繰り返されるように、パンク・ロ
ックバンドで音楽活動をスタートしたエイミーの芯
の強さとタフなアティテュードを端々に感じずには
いられない。(寺町)

ミッドウェスト・エモ／シカゴ・インディーのパイ
オニア、キンセラ兄弟の兄ティムによるJOAはキ
ャップ・エン・ジャズの解散後に始動したバンドで、
この3作目（ライヴ盤ではない）にはエモとポスト
・ロックの間隙を埋める独自性がある。抜けが良く
余白の多い音像の中に特徴的なドラム・ビートと編
集された音の欠片が散りばめられ、90年代末的で
幻想的な音響が展開される。初作から参加してきた
ケイシー・ライスのプロダクションは磨き抜かれて
おり、ティムのフォーク・シンガー的な憂鬱な歌心
がおおらかな実験性へと開かれていく。ちなみにア
ートワークはゴダール『ウィークエンド』へのオマ
ージュ。JOAは20年に「廃業」した。(天野)

Joan Of Arc
Live In Chicago, 1999
Jade Tree / 1999.5

オリジナルメンバーのフレデリック・バーセルミとスティーヴ・カニングハムの参加が話題となった。それゆえか、1stアルバムの「Free Form Freak-Out」的なフリーなインストゥルメンタルと、リズムボックスを基調にした、いつになく緩い歌とが交互に収録され、最終曲はその両方の要素を持った混沌とした長尺曲で締める。それは60年代の焼き直しではなく、同時代的にアップデートされたクレイオラである。（畠中）

The Red Krayola
Fingerpainting
Drag City / 1999.6

91年にデビューを飾ったステファン・メリットを中心とするグループの90年代の最終作は題名どおり、23曲入りの3枚組で全69曲入りのコンセプト作。マンドリンやアコーディオンをふくむ生楽器の合奏とニューウェイヴ風の両輪で、あたかも移民都市の一角で、通りをゆきかうひとたちの恋愛模様を空想しつつ、したためたかのようなラヴソングは、ボヘミアンというほど退廃的でもなく、コミュニティの差異を強調するふうでもなく、ただただ市井のひとのための歌といった風情。むろん新世紀を目の前にして、典型的な愛など存在しないことは前提であり、それがゆえに三十三間堂の観音像のように、誰もが思いあたるふしのある名作になったのかもしれない。

The Magnetic Fields
69 Love Songs
Merge / 1999.6

トータスやシカゴ・アンダーグラウンドのメンバーからなるプロジェクト。加えてこの2作目には、J・マッケンタイアやバンディ・K・ブラウンも参加。ジャズのフレーズとポスト・ロック的な編集感覚が折衷された実験的なフュージョンが展開されている。生演奏とポスト・プロダクションのコントラストは時に激しく、時に曖昧に。白眉は70年代初期のエレクトリック・マイルズも思わせるファンキーな「Looking After Life on Mars」。（天井）

Isotope 217
Utonian_
Automatic
Thrill Jockey / 1999.8

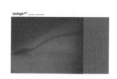

American Football
American Football
Polyvinyl / 1999.9

兄のティムと組んだキップ・エン・ジャズを経て、キンセラ兄弟の弟マイクが結成したアメリカン・フットボールのファースト・アルバム。マイク・キンセラの極めてナイーヴな歌声とギターのアルペジオの爪弾きに心を奪われるが、ミニマルなバンド・アンサンブルによる陶酔感も加わり徐々に高揚していく。スティーヴ・ラモスの変則ながら独特の間を持つドラミング、美しいホーンの響きが空間に絶妙なアクセントをつけている。（寺町）

The Dillinger Escape Plan
Calculating Infinity
Relapse Records / 1999.9

グラインドコア、パワーバイオレンス、ノイズなどが現行の「激しい音楽」として混ざり合っていた90年代ライヴハウス界隈の文化が思い出される1枚。NAMANAX名義でノイズ作品もリリースしていたビル・ユルキェヴィチの〈Relapse〉はそんな現場の空気を体現しているかのようなレーベルだった。初期マスロックというよりも、当時のごった煮感＝ザッピング感覚がメタルにより編集／制御されたアプローチにインターネット前夜の過渡期を感じる。（倉持）

Get Up Kids
Something To Write Home About
Doghouse Records / 1999.9

狂おしい「Holiday」のピック・スクラッチで幕を開け、「Action & Action」など名曲ばかりが並ぶバンドの最高傑作。さらに商業的成功によりミッドウェスト・エモをポップ・シーンに導いた重要作。〈Doghouse〉とのいざこざから〈Vagrant〉と提携した自主レーベルからリリースされたが、その逆境も反映された快作になった。ジャケ、捻くれたタイトル、どれを取っても名盤の風格。（天野）

Le Tigre
Le Tigre
Wiiija / 1999.10

ビキニ・キル解散後、キャスリーン・ハンナの結成したトリオによる20世紀最終作。全12曲でのきなみチープでパンキッシュだがモッシュよりダンス向きでかなりカラフル。従来のポップさを全開にしたといえばいいか。他方でオノ・ヨーコからガートルード・スタイン、スピヴァク、アンジェラ・デイヴィス、画家、作家、パフォーマー、活動家など、多岐にわたる固有名を羅列する「Hot Topic」など、旗印たることも忘れていない。

ワシントンDC拠点らしくポストハードコアから始まるものの作品ごとに印象が異なるこのバンドが90年代に残した3枚のアルバムを通して聴けば、ローファイ、マスロックなど当時のトレンドの変化が一望できる。本作は異形のポップの境地に突入。シカゴ音響派の人びともそうだが、当時のクリーントーンのエレキギターの響きはハードコアの先を描こうとしていたし、新しい価値観は自分で作るのが当たり前という姿勢はアメリカならではと思う。(倉持)

The Dismemberm-ent Plan
Emergency & I
Desoto / 1999.10

オースティンで結成、ジェイソン・リースとコンラッド・キーリーを中心とするトレイル・オブ・デッドのノイジーなポスト・ハードコアはポスト・ロックやオリジナル・エモに通じる独自の複雑さや疾走感を備える。この2作目は2002年の傑作『Source Tags & Codes』の前作にあたる充実作。この後メジャーに進出したがバンドが成功を手にすることはなく再評価の機運も感じないが、今こそ耳を傾けるべき。(天野)

...And You Will Know Us by the Trail of Dead
Madonna
Merge Records / 1999.10

97年に出会った映画監督ポール・トーマス・アンダーソンとの関係を映した素晴らしき2作目。長大な原題は彼女を批判する記事を読んで書いた詩だとか。ジョン・ブライオン指揮の劇的なダーク・ウィアード・チェンバー・ポップを舞台に主演が歌い上げるのはどろどろのストレンジ・ラヴ。98年の「Across The Universe」のカヴァー等、映画との蜜月やPTAによるMVが90年代性を物語っている。(天野)

Fiona Apple
When The Pawn...
Clean Slate, Epic Records / 1999.12

前々任、前任ドラマーが相次いでバンドを去ったのち、テイラー・ホーキンスが加わるとのいれちがいでパット・スメアが離脱した3作目。残るトリオによりグロールのヴァージニアのホーム・スタジオで執り行った録音には気の置けない仲間同士らしいリラックスしたムードと、鉱脈を探りあてたものらしい自信も。ときにポリスあたりを彷彿するサウンドはパール・ジャムとは別の方向からグランジ派の年の重ね方を示唆するかのよう。

Foo Fighters
There is Nothing Left to Lose
RCA / 1999.11

Jim O'Rourke

ジム・オルーク

作曲家、即興演奏家にして幾多の重要作の録音を手がけた音楽制作者にしてプロデューサ――20世紀最後の十年紀に大きな存在感をしめしたジム・オルークにはいくつかの肩書きがあるが、その活動を俯瞰すると、多芸さをよりどころにするというよりは、音楽のあらゆる側面にかかわるなかで総合的な作家像を確立していったことがわかる。90年代はその起点。前衛音楽の思想と方法を巧みに援用した音響作家として複数の作品をリリースするとともに、即興演奏家としても頭角をあらわし、シカゴでは地元のネットワークを活かし「音響派」のハブ役を担った。グループではガスター・デル・ソル、レッド・クレイオラなどに参加。ジョン・フェイヒィ、スモッグ、ステレオラブなどをプロデュースし、99年の『Eureka』は各所で話題に。2001年の『Insignificance』、その8年後の『The Visitor』、いまから7年前の『Simple Songs』など、21世紀以降もソロ作を継続的にリリースする一方、ソニック・ユースをはじめ、ジェフ・トゥイーディ、グレン・コッチェとのルース・ファー、クリスチャン・フェネスとピーター・レーバーグとのフェンノバーグなど、複数のグループで重要な作品をものした。2006年から日本在住。

文＝松村正人

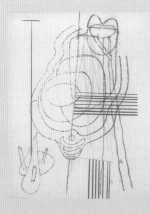

Gastr Del Sol
Camoufleur
Drag City / 1998.2

バストロ（p18）を前身に、脱ロックを志向で再スタートした「太陽の胃」の意をもつデヴィッド・グラブスのシカゴのグループに2作目からオルークが加わり、サード『Upgrade & Afterlife』でデュオ体制に。アメリカン・ゴチックなムードが色濃く残る3作目から4作目となるこの最終作ではアメリカーナを想起する歌ものに転身をはかるも、分散和音のドローンや単音の執拗な反復フレーズなど、前衛音楽の痕跡もそこかしこに。ポップと実験を両立した傑作として、90年代末を起点にボディブローのような影響力を与えたが、歴史への音楽的アプローチの仕方や、音響特性をもとにした作編曲の方法など、21世紀の未解決問題もさらりと提示している。

Jim O'rourke

現在も活動を継続するダニエル・バークのプロジェクトで、ときおり共同制作者を起用することがあり、オルークも数作に作曲や演奏で参加。とりわけ「Compose」のクレジットがある本作にはおそらく構想段階からかかわり、同年の『Remove The Need』で試みた、硬質のドローン〜ノイズをマテリアルに聴覚的認識を実験するような作曲をおこなっている。いまはあまりやらないが、現実音の使い方で彼の右に出るものはいない。

Illusion Of Safety
Probe
Staalplaat / 1993.6

オルーク編集による21年ぶりの新作。題名の「Rien」は仏語で「無」の意。フィールド録音にほんのちょっと手を加えただけの「Presque Rien（ほとんどなにもない）」というリュク・フェラーリの傑作の向こうはるように、オルークはクラウトロックの生きる伝説の音と概念を稠密に編集することで無に帰そうとする。録音には灰野敬二も参加。〈Table Of The Elements〉が90年代にはたした役割にも看過すべきではない。

Faust
Rien
Table Of The Elements / 1994.6

10分前後の4曲のインストゥルメンタルで構成された、ジョン・フェイヒィ風フィンガーピッキングを基調に、ジャック・ニッチェ風なアレンジ展開で、ヴァン・ダイク・パークス的に次々と風景が移り変わっていくように音楽が展開する（多羅尾伴内楽團の「337秒間世界一周」とはちがうけれど?）、きわめて映像的といえる作品。オルークは、一時期自身で実験映像作品を制作し、以前のドローンを基調にした作品も自身の映像作品に使用していた。ちなみに、オルークのアルバムのタイトルは、ほぼなんらかニコラス・ローグの映画にちなんでいるが、本作は、邦題『ジェラシー』で知られる1980年の作品に由来する。まさに「耳のための映画」。（畠中）

Jim O'Rourke
Bad Timing
Drag City / 1997.8

Jim O'rourke

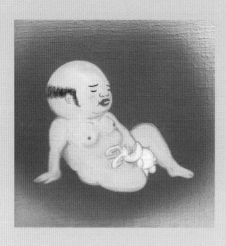

Jim O'Rourke
Eureka
Drag City / 1999.2

こちらは邦題『錆びた黄金』（日本ではヴィデオ発売のみ）で知られる1983年に由来。本作収録の「Eureka」は、青山真治監督の映画『EUREKA』の挿入曲としても使用された。本作以前は、即興音楽、実験音楽をへて、ガスター・デル・ソルでの活動と、いわゆるポップス側の人ではない印象があったオルークが、自身のポップサイドを思い切り（といいつつどこか控えめに）表出した作品となっている。冒頭のアイヴァー・カトラーのカヴァーも秀逸な、全編がオルークのヴォーカルをフィーチャーした、どこか渋めのロックで構成されている。隙のないプロダクションは、いかにも音響職人としてのオルークの面目躍如たるものがある。（畠中）

Jim O'Rourke
Happy Days
Drag City / 1997.2

『Bad Timing』がオルークのアメリカーナ期の集大成ならこちらはプロトタイプにして実験作というべきか。フェイヒィの衣鉢を継ぐがごときフィンガー・ピッキングがトニー・コランラッドを彷彿するドローンに融解する50分弱の大作は、オルークの歴史観を表明するとともにその裏にある原理をうきぼりにするかのよう。擦弦音を無限にひきのばしたかのようなサウンドは微動だにしないようでておどろくほど変化に富んでいる。

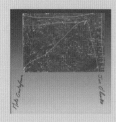

Jim O'Rourke & Mats Gustafsson
Xylophonen Virtuosen
Incus / 1999.9

ベイリーの主宰レーベルによるギタリスト＋アルファによる即興デュオシリーズの一環で、フレッド・フリス、ヘンリー・カイザーら先輩格ともにオルークも起用。のちにサーストン・ムーアとともにディスカホリック・アノニマス・トリオを結成するサックス奏者、マッツ・グスタフソンとは本作が初顔合わせ。楽器と音楽の関節を外すかのようなアプローチで新世代の才能の片鱗をしめしている。未発表曲を大幅に追加し2022年にリイシュー。

近年ではハイムのPVを撮影している、ポール・トーマス・アンダーソン監督による映画『マグノリア』のサウンドトラック。エイミー・マンの「Deathly」の歌詞の一節からインスピレーションを得て制作されたというこの映画は、大部分をエイミーの楽曲で構成。アンダーソン監督が一貫して描く社会、家族からの疎外や孤独というテーマとシンクロするように、少しの哀愁を帯びながら淡々と紡がれる主題歌「Save Me」は彼女の代表曲。(寺町)

Aimee Mann
Magnolia
(Music From
The Motion
Picture)
Reprise / 1999.12

コデインやジューン・オブ・44で叩いたドラマーのダグ・シャーリン率いるプロジェクト。当初はワールド趣味に傾倒したダブ・ロック的な様相が強かったが、本作ではジェフ・パーカーやバンディ・K・ブラウン、ロブ・マズレクらトータスやシカゴ・アンダーグラウンドのメンバーを動員。ジャズ色を増したアンサンブルとリヴァーブ等の浮遊感の効いた音響処理が混じり合い、立体的な音の配置が際立つ「ポストロック」を繰り広げている。(天井)

Him
Sworn Eyes
Bubble Core
Records / 1999.12

ハスカー・ドゥの技師だったルー・ジョルダーノが制作した本作はアリーナ・ロックやシンフォニック・プログの影響が指摘されるが、バンドの個性に包摂され独自のものになっている。3人は欧州ツアー中にレーベルの金銭的補助を失い、関係性も悪化し解散。09〜14年と22年に復活しツアーを行った。幻の5作目が存在するそうだが、この終着点を含むSDREの4枚のディスコグラフィは極めて美しい。(天野)

**Sunny Day
Real Estate**
The Rising Tide
Time Bomb
Recordings / 2000.6

ストーンズやディランにルー・リード、スモッグ、マイケル・ハーレイなどの原曲の面影がなくなるほど最小限以外を極限まで削ぎ落とし、ギターorピアノのみの弾き語りに仕上げたキャット・パワーの唯一無比の歌声を堪能できるカヴァー・アルバム。モビー・グレープの「Naked If I Want To」とロバート・プラントやイギー・ポップ、トム・ウェイツもカヴァーした名曲「Sea Of Love」が秀逸。(澤田)

Cat Power
The Covers
Record
Matador / 2000.3

IDA
Will You Find Me
Tiger Style / 2000.7

90年代前半から歌心溢れる作品を密やかに紡ぎ続けてきたUSインディの良心が辿り着いたスロウコアの金字塔。ダニエル・リトルトンとエリザベス・ミッチェルの夫婦が織り成す空気がピンと張り詰めるような繊細なハーモニーを中心に洗練された最小限のアンサンブルが素晴らしい。同年のヨ・ラ・テンゴの静謐な雰囲気の名作『And Then〜』と共振するようなポストロック、音響的な感覚を通過した歌ものの傑作。(澤田)

Lambchop
Nixson
Merge / 2000

米国音楽の聖地ナッシュビルの伝統をたっぷりと吸収した大所帯オルタナ・カントリー楽団の出世作となった5作目。時にソウルフルなファルセットを聴かせるカート・ワグナーの五臓六腑に染み渡る滋味深い歌声を軸に音響的なギターやスライドギターにヴィブラフォン、ホーン、そしてシルキーなストリングスを加えた浮遊感のあるアンサンブルは唯一無二。少し秋の気配が漂ってきはじめた夏の夜にぴったりな音響唄モノの傑作。(澤田)

Julie Doiron
Désormais
Jagjaguwar / 2001.8

90年代に〈SUB POP〉からデビューしたサッドコアバンド、エリックス・トリップのベーシストとしてキャリアを開始した女性SSW。カナダ出身ということもあり作品により使われる言語が異なるが本作は全編フランス語詩(対になる次作は英語詩)。素の音色のエレキギターの爪弾きと耳元で囁きかけるような歌い方が主役だが、控えめに添えられたアルゼンチン音響派にも通じるエレクトロニクスもいい味をだしている。(澤田)

Julie Doiron
Heart And Crime
Jagjaguwar / 2002

全編フランス語詩だった前作「Désormais」と対になる関係の翌年にリリースされた英語詩作品。自身で撮影したジャケットの写真も対になる様にデザインされており、2018年のリイシューの際にはカップリングしてリリースされた。本作も素の音色のエレキ・ギターの爪弾きを中心にため息のようなメランコリックな歌をのせるスタイル。吐く息が白くなるような寒い朝にぴったりな凛とした雰囲気をもつ唄ものの傑作。(澤田)

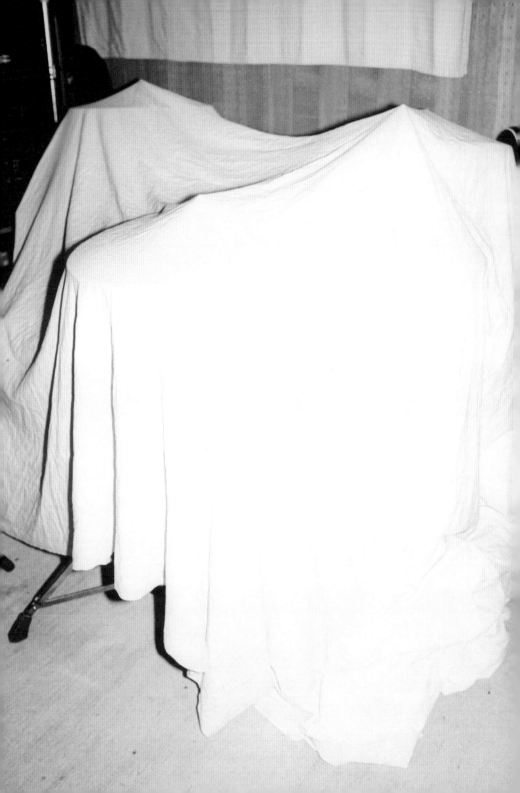

Manabu Deto Interview
出戸学

2000年代以後の観点から考察する
90年代USオルタナティヴの諸相

そして90年代が終わり、さらに20年がすぎた。本書を手にされた読者の
うち、少なくない方がここにある作品を後追いで聴かれているのではない
だろうか。OGRE YOU ASSHOLEの出戸学もそのひとり。2005年デビ
ューの出戸にとって90年代は十代の大半を占める期間であり、音楽にめざ
めていく過程そのものであった。「90年代の音楽経験のほぼすべては、高校
の近所のゲーム屋さんの一角にあったCDコーナーから生まれました」と
出戸はいう。90年代のUSオルタナ／インディ関係から10枚を選んでコ
メントしてほしいというこちらの要望を出戸学は快諾し、そうそうにリス
トアップしながら「ここにあげる作品はすべて後追いで、ほとんどゲーム
屋さんのCDコーナーで買ったものです」ともつけたしている。ビート・
ハプニングの85年のファーストを皮切りにはじまったという音盤遍歴の道
のりから出戸学が選んだ90年の10枚のアルバムについて話を訊いた。

出戸学（でと・まなぶ）
富山県出身、長野県在住。メロウなサイケデリアで多
くのフォロワーを生むバンド「OGRE YOU ASSHOLE」
のヴォーカル兼ギター。作詞作曲に加えてアルバムジ
ャケットのアートワークやMVの制作にも手がける。

Thinking Fellers Union Local 282
Admonishing The Bishops

——出戸さんには今回、USオルタナ〜イン
　ディをテーマに10枚の作品を選出いた
　だきました。選ぶにあたってテーマを
　設けましたか。

「2000年代のオウガの初期、バンドをは
じめたころにすごく聴いたり影響を受け
たりした作品を選びました。ちょうど
15〜20年近く前、2000年代初頭にすご
く聴いていたものです」

——90年代が終わり、それを総括するよう
　に、その時代にあったものを、やや後
　追いで聴いたなかにこういうものがあ
　ったということですね？

「そうです。それと、2000年代初頭は90
年代から活動しているバンドも多く、そ
のようなバンドの過去の作品を遡って聴
くこともありました」

——まずはシンキング・フェラーズ・ユ
　ニオン282（Thinking Fellers Union Local
　282）。これはおそらくEPですよね？

「そうです。「Million Dollars」という収
録曲をよく聴いていました。初期のオ
ウガでいうと、展開が支離滅裂という

か、普通に考えるとそうこないだろうと
いう展開はこのEPに影響を受けていま
す。あたりまえに、滑らかにつながって
くのではなくて、ギクシャクしてナン
ボ、みたいな感じですね（笑）。20代前
半のころはそういうことにバンドとして
面白さを感じていたというのはあります
ね。シンキング・フェラーは初期のバン
ドメンバーが教えてくたんですが、当時
はUSインディと同時にCanのように、
いまにも通じるようなものも聴いていま
した。シンキング・フェラーズはバンド
をはじめたころの理想形のひとつで、誰
も知らないと思っていたんですが、名古
屋のライヴハウスでパニックスマイル
（Panicsmile）と一緒になったとき、メン
バーだった石橋英子さんに「シンキング
・フェラーズっぽいね」といわれてビッ
クリしたことがあります」

The Make-up
Save Yourself

——つづいてあげていただいているのがザ
　・メイクアップ（The Make-up）の『Save

Yourself』です。ダンサブルなガレー
ジですが、やや意外な気もします。

「これも、ゲーム屋さんのCDコーナー
にあったんですよ（笑）」

——のリリースは1999年ですね。

「高校1年か2年ですね。手にしたのは偶
然なんですが、僕の親もバンドやってい
たんですね」

——はい。

「そうなると子どもはオヤジバンドのライ
ヴに狩り出されるんですよ。薄暗いラ
イヴハウスやバーみたいなところで、客
はほぼいないなか、オヤジたちが熱唱し
ている。そういう場所に幼い頃から連れ
て行かれることがあったんです。そのと
きの薄暗い感じとタバコの臭いを思い出
させるものがメイク・アップにはあるん
です」

——かっこいいですよね。福生あたりにい
そうな気がします。

「そのなかに彼らがいたら、突出してか
っこいい気もします」

——出戸さんが音楽をやるにあたって、ガ
レージやソウルやブルースもそうです
が、様式（スタイル）をきわめることで
生まれるかっこよさは意識されてない
ですよね。

「それを目指しても負ける気しかしない
ですから。そういった音楽ももちろん好
きなんですが、アイデンティティと見な
すほどにはなれない感じはありますよ
ね」

Tortoise
TNT

——トータス（Tortoise）の『TNT』は90年
代の名盤のひとつですが、出戸さんも
ムーヴメントとしてのポストロックに
は興味をもたれていましたか。

「このアルバムはポストロックとして聴
いたとよりは映画音楽にも似たエキゾチ
ックな音楽の位置づけでした。少なくと
も当時はそういう風に捉えていました」

——映画音楽というのは多様性があるとい
うことですか、それとも映像喚起的と
いうこと？

「後者です。もちろんジョン・マッケン
タイア（John McEntire）がソマ・スタジオ
（Soma Studio）を運営しているとか、レッ
ド・クレイオラ（The Red Krayola）に参加
しているとか、情報的な広がりはありま
したが、トータスのイメージは最初に聴
いたときからあまり変わっていない気が
します。レッド・クレイオラはドラムの
勝浦（隆嗣）さんに教えてもらったんで
すが、実験性の観点からいえば、クレイ
オラのほうに斬新さを感じました」

Modest Mouse
This Is A Long Drive For Someone
With

——モデスト・マウスはオウガのバンド名に由来になったひとたちです。『This Is A Long Drive For Someone With Nothing To Think About』をセレクトした理由はなんでしょう。

「最初に聴いたモデスト・マウスなので刷り込みみたいなものかもしれません。1曲目の「Dramamine」がすごくて、初期のオウガの感じの多くはここに由来すると思います。高校時代にライヴを観たことも大きい。彼らもCDだけだとそこまで激しくなくて、静かなバンドだと思って観に行ったら、ライヴでは大絶叫の大暴れで、ギターのピックアップで声を拾って歌うみたいなことをやっていて、思ったのとちがったんですが、かなりショックを受けました。ナマでふれたことによって音楽が立体的になったんですね。

——オウガも初期のころはライヴでは暴れていたんですか」

「メチャクチャやるというほどではなか

ったですが。むしろ初期よりもいまのほうが、アルバムとライヴは別物になってきている気がします。初期はけっこう忠実にやろうとしていた感じですね」

——出戸さんにとってモデスト・マウスのよさはなんですか。

「"当時の感じ"ですよね。彼らも後期になって来ると、音がわりとツルッとしてきて、メジャーのプロダクションになっていき、僕は徐々に興味を失っていったんですが、いま思うと、1〜2作目の、練習スタジオでマイク一本立てて録ったかのような音の質感に反応してたのだと思います。それと、ループするベースラインにギターのリフが重なってく構造は参考にしていました」

FUGAZI
End Hits

——フガジ（Fugazi）だと90年代前半の作品に注目が集まりがちですが、出戸さんがあげられたのは98年代のレコードですね。

「このアルバムがいちばんよく聴きまし

た。大学に入学して名古屋にいたころ、2000年代なかばですね」

——ハードコアやパンクを好きなひとがまわりにいたんですか。

「そうです。当時のバンドのドラマーがフガジのライヴのDVD（『Instrument』）を買ったら体育館みたいなところで江頭みたいないひとががんばっていて、かっこよかったんですよ（笑）。ドキュメンタリーで、イアン・マッケイ（Ian MacKaye）がDIYであることについてもしゃべっているようなDVDだったんですね」

——出戸さんはマイナー・スレット（MINOR THREAT）よりもフガジのほうがお好きですか。

「そうですね。マイナー・スレットはフガジの後に知ったので。さっきの型の話にもつながりますが、マイナー・スレットの音楽はどこかで耳にしたような気がするけど、フガジは音楽的にもおもしろい、と当時思っていました」

——出戸さんはハードコアは通っていますか。

「ほとんど通っていません。フガジが唯一の接点です」

——それこそジョン・マッケンタイアやデヴィッド・グラブス、デイヴィッド・パホのように、のちに音響派に括られるミュージシャンでハードア・バンドにいたひとも多いですよね。

「アルビニなんかにも同じようなことがいえると思うんです」

——スティーヴ・アルビニの名前が出まし

た、アルビニはやっぱり80年代からUSのオルタナ、インディー・シーンでは顔役というか、大きな存在だと思いますけど、彼の音楽とか手がけた録音物とか、そういうものから影響を受けたことはありますか？

「直接的な影響はないです。プロデューサーとしては、たしか54-71とか、日本のバンドでもアルビニのところで録っているひといる。そのような認識でした」

——アルビニに録ってもらいたいと思ったことはないですか。

「そこまでの熱意はなかったですね（笑）」

The Sea And Cake
The Sea And Cake

「シー・アンド・ケイク（Sea And Cake）は2000年に出た『Oui』がすごく好きで遡ってこのアルバムを聴きました。軽やかな感じが好きです」

——出戸さんのリストを見ると、軽やかでポップなものとハードコアで鋭い音楽が交互に登場しますね。

「両方好きで、同時並行的に聴いていた

んですね。2000年代初頭に、90年代の
音楽を聴いていると、あるひとつのジャ
ンルを掘っているハズなのにまったくち
がう場所に出てくることがあったんです
ね。90年代は、たとえばレコード店でも、
同じ系統、同じ棚、同じジャンルを掘っ
ていても、掘るたびに全然ちがうという
か、同じレーベルでも、あるいは同じバ
ンドでも、アルバムごとに音楽性がちが
う。ベックなんかその典型ですよね。ひ
とつの場所を注視していたはずが、そこ
にいろんなものが集まりすぎて、聴けば
聴くほどわからなくなっていく。ブルー
スとかサイケとかガレージとかって、聴
けば聴くほど、その道の達人みたいにな
ってくるってあるじゃないですか」

——わずかな差異に反応するようになりま
　　すね。それとは逆ですよね。

「聴けば聴くほど、結局よくわからない
ですから（笑）」

——わからないものにたいする拒否反応は
　　なかったですか。

「深さみたいなものにはつながっていか
なかったかもしれませんが、表面的に、
ただ聴いて愉しい状態はつねにありまし
た。その背景まではまだわかっていなか
ったんでしょうね」

Yo La Tengo
I Can Hear The Heart Beating As
One

——米国インディの代表格、ヨ・ラ・テン
　　ゴ（Yo La Tengo）の『I Can Hear The
　　Heart Beating As One』も選ばれてい
　　ます。

「そうですね、ヨ・ラ・テンゴは、あげ
たなかでは、いまでもよく聴くバンドで
す。ほかはそこまで頻繁には聴きません
が、ヨ・ラ・テンゴは当時もいまもずっ
と好きです。いま聴いても発見があった
り、昔はただ地味な曲だとか思っていた
ものが、いま聴くとグッときたりするん
ですね。20代前半のころは、アップテ
ンポのディストーションで埋め尽くされ
ている曲のほうが好きだったんですが、
ヨ・ラ・テンゴはそれだけじゃないじゃ
ないし、いま聴いてもいろいろ工夫して
いますし勉強になります。聴いて、発見
ありますし曲もいいですし。このアル
バムにも好きな曲が多いですね。僕は
2000年代のヨ・ラ・テンゴも好きなん
です、『I Can Hear〜』は過渡期という
か、このあたりからおおもしろいバンド
だと認識しはじめたきっかけの作品でも
あります」

——出戸さんにとって多様性の観点からずっとつきあっていけるのがヨ・ラ・テンゴだと。

「彼らは音楽マニアでもありますよね。なんらかの音楽的な知識を得たうえでヨ・ラ・テンゴに戻るとまた発見があったりする。その点でも今回あげたなかではよく聴く部類の音楽です」

Duster
Stratosphere

——つづいてダスター（Duster）はどうでしょう？　これも名盤だと思いますが。

「僕の中ではモデスト・マウスとダスターのこのアルバムが同じような位置にあって、当時、このふたつからけっこうインスピレーションを得ていました。あの空気感と、複雑に積み重なっているサウンド、それがオルタナらしさ、インディらしさかは僕にはわかりませんが、そのような部分にリアリティを感じていたのかもしれません。バンドであることがわかりやすい。練習スタジオやガレージで録ったようなブートレグの生々しさに近

い印象を当時はもっていた気がします」

Dub Narcotic Sound System
Boot Party

——ダブ・ナルコティック・サウンド・システム（Dub Narcotic Sound System）は面白いセレクトだと思います。

「ビート・ハプニングでカルヴィン・ジョンソン（Calvin Johnson）のことは知っていたんですが、別のプロジェクトというので聴いたらまったくちがう（笑）。そのときのおどろきですね。彼はいろんなプロジェクト手がけていますが、僕はこれがとくに好きでした。テキトーな感じもありつつ（笑）」

——たしかにテキトーだとは思います（笑）。

「でも簡単にはできないようなテキトーさなんですよ」

——レーベルとしての〈K〉はどう思われますか。

「これを聴いたころ、たとえばカート・コベインが〈K〉レーベルのタトゥーを入れてるとか、しだいにレーベルというものの存在や役割に気づきはじめるん

です。ベックが〈K〉から出した『One Foot In The Grave』を知らずに買ったり、好きなものが〈K〉まわりでつながった感じはありました。高校生のころですね」

――90年代のアメリカで、ほかに気になるレーベルはありますか。

「〈Matador〉はすごいと思いますよ。〈Matador〉は一時、毎年のようにレーベル・サンプラーみたいなコンピレーションを出していて、それもCDコーナーにあったんですが、それが2枚組や3枚組で、大量に入っていて〈Matador〉を好きになりました。あとはモデスト・マウスやダスターの〈Up〉も好きですね。ビルト・トゥ・スピル（Built To Spill）も出していましたよね。リストにはあげなかったですが、彼らやペイヴメント、フォーク・インプロージョン、マーキュリー・レヴなんかも聴いていましたよ」

――ソングライティングにすぐれたオルタナバンドですね。

「いや、曲の質が高いというよりヘンなものとして聴いてたような気がします。ひねくれていてなんかヘン」

――ダニエル・ジョンストン（Daniel Johnston）と似たような位置づけでしょうか。

「そうですね。アメリカにはその系譜がありますよね」

――系譜という面で考えると、米国のインディを考えるさいに大きな意味をもつが地域性だと思います。シアトル、オ

リンピア、ルイヴィル、シカゴ、もちろんニューヨークやLAのような大都市。いろいろあると思いますけど、出戸さんも活動の拠点を東京に置いていませんよね。

「はい」

――地域性の面から米国のインディ・シーンについて考えてことはありますか。

「2000年代初頭の松本にはそういった、CDコーナーがあったゲーム屋さんが主催してるイベントがあって、そのまわりにいろんなバンドがいたんです。ただ、シーンとか地域性というほどにはまとまらなかった。点在しているような感じでした。P-heavyというライオット・ガールの流れを汲む女性3人組がいて、一緒にやったこともあったんですが、つづけていくのは大変ですよね」

Flaming Lips
Soft Bulletin

――最後に挙げてらっしゃるのが、フレーミング・リップス（Flaming Lips）です。

「このサイケがかった、カラフルでキラ

キラし感じは高校生のころすごく好きで
した」

——ちょっと話が大きくなりますけど、出
　　戸さんは、オルタナティヴとはどのよ
　　うなものだと思われますか。

「文字どおりにとれば、主流とは別のも
のということなので、自分にとっては
ルー・リードの『Metal Machine Music』
がオルタナティヴな音楽かなと思ってま
す。でも90年代にオルタナティヴとい
われた、ニルヴァーナは商業主義的な主
流の音楽シーンを拒絶していたはずなの
に、結局、自分自身が主流になって回収
されてく感じはありますよね。そういう
ことはいくらでも繰り返されていると思
いますが。」

——いまおっしゃったことは、音楽の市場
　　の話ですが、出戸さんはそこから距離
　　感を置きたいと思ってらっしゃる？

「距離感を置きたいというより、今は主
流と言えるものがなかなかなくて、オル
タナティヴって使いづらいですよね。だ
から自分がオルタナティヴだとは認識し
てなくて、フラフラやっている感じなん
ですね」

——では出戸さんにとって90年代はどのよ
　　うな時代でしたか。米国にかぎらず、
　　当時のご自分の周囲や社会から受けた
　　印象でかまいませんが。

「日本でいえば、元気がなくなっていっ
た時代だと思います」

——バブルが弾けたということですか。

「そのイメージはありますね。90年代に

十代をおくったひとは、僕も含めてです
が、気がついたらなにかしぼんでいくと
ころしか見てない、もりあがりを知らな
い。そんな感じはあるんじゃないでしょ
うか。80年代のバカ騒ぎは耳にはする
けれども、その頃の意識のなんてほぼな
い。オウム真理教や阪神大震災で、自我
がめばえはじめるような世代で、なにか
暗い（笑）」

——21世紀に入って20年経ちましたが、明
　　るい兆しはありますか。

「個人的にはいろいろ浮き沈みあると思
いますけど。日本にはずっと沈んでく気
配しか感じないですよね」

——お話では、ヨ・ラ・テンゴはいまでも
　　聴かれているそうですが、今回あげて
　　いただいたなかで、聴き直してよかっ
　　た作品はほかにありますか。

「ダブ・ナルコティック・サウンド・シ
ステムはいま聴いてもすごくよかったで
す。逆に、フレーミング・リップスは、
昔のほうがもっとすごく感じていた気が
しました。なにかが消えてしまった感じ
がありました」

——おそらく90年代の音楽はちょうど、当
　　時の思いこみと現実の作品との答え合
　　わせができる時季にさしかったのだと
　　思います。20～30年前というのはそれ
　　くらいの距離感ですよね。

「そうですね。90年代は、いまからも見
ても、レーベルに活気があったしバンド
がめちゃくちゃ売れた時代だったと思う
んですよ」

——インターネットから自由な最後の時代だったというのもあるかもしれませんね。配信がなければフィジカルを出すしかないですが、リスナーの趣向は多様化し、制作のコストは以前ほどではない。そのような条件が90年代の状況を後押ししたのかもしれません。

「2000年代になってリストにあげたようなバンドが何組もチャートに入ったのはすごかったですよね」

——日本だとオルタナティヴなバンドがオリコンに入るかって言われると、それはないですからね。

「そう考えると、アメリカ、ちょっと不思議な国かもしれないですね」

Index

Artists

Labels

著者略歴

アート倉持　あーと・くらもち

1975年大阪生まれ。UPLINK FACTORYのイベントディレクター（1999〜2020）を経て、現在はフリーランスとして活動。国内外の独立系文化の現場に関わり続けている。バンド「黒パイプ」のボーカル。漫画誌アックスにて「ル・デルニエ・クリの人びと」、音楽レーベルφononのウェブサイトにて「東⚡京⚡感⚡電⚡帯⚡通⚡信」を連載中。

天野龍太郎　あまの・りゅうたろう

1989年生まれ。東京都出身。編集者、ライター。

木津毅　きづ・つよし

ライター。1984年大阪生まれ。2011年よりele-kingにて活動を始め、以降、音楽、映画、ゲイ・カルチャーなどについて執筆。著書に『ニュー・ダッド　あたらしい時代のあたらしいおっさん』（筑摩書房）。編書に田亀源五郎の語り下ろし『ゲイ・カルチャーの未来へ』（ele-king books）。

寺町知秀　てらまち・ともひで

レーベル "幻の湖" 主宰。コンピレーション・アルバム『幻の湖 -Lake Of Illusions-』、ミックステープ『Echo Lake Mix』をそれぞれシリーズ化してリリースしている。
Instagram@lake_of_illusions

畠中実　はたなか・みのる

1968年生まれ。音楽および美術を中心に執筆活動を行なっている。また、メディア・アートやサウンド・アートを専門とした展覧会を企画している。おもな編著書に、『現代アート10講』（田中正之編、共著、武蔵野美術大学出版局、2017年）、『メディア・アート原論』（久保田晃弘との共編著、フィルムアート社、2018年）。

天井潤之介　あまい・じゅんのすけ

音楽ライター。東京在住。ご連絡はjnnsk.a@gmail.comまで。

岩渕亜衣　いわぶち・あい

Shakedown 1979（年生まれ）。中学の頃にオルタナと出会い、高校時代は来日バンドのライブや出待ちやサイン会に通う日々。大学時代にはワルシャワ吉祥寺店でアルバイトを始め、その後はディスクユニオンに入社しオルタナティブ・ロックのバイヤーも長年務めました。現在は退職し別業界で働いていますが、こうしてオルタナを語り継ぐ機会を頂けて光栄です。

澤田裕介　さわだ・ゆうすけ

ディスクユニオン新宿インディ・オルタナティヴロック館店長。9.11の前日に入社したので、気づいてみれば早いもので勤続21年目に。レコードの買取お任せください。

村尾泰郎　むらお・やすお

音楽／映画ライター。「ミュージック・マガジン」「レコードコレクターズ」「CINRA」「キネマ旬報」などに執筆。「USオルタナティヴ・ロック1978-1999」（シンコーミュージック）の監修と執筆を担当した。

松村正人　まつむら・まさと

1972年奄美生まれ。編集者、批評家。雑誌「Studio Voice」「Tokion」の編集長を経て独立。著書に『前衛音楽入門』（ele-king books）など。編著に『捧げる灰野敬二の世界』『山口冨士夫　天国のひまつぶし』（河出書房新社）、監修書に『90年代ディスクガイド　邦楽編』（ele-king books）。

90年代ディスクガイド
USオルタナティヴ／インディ・ロック編

2022年10月12日　初版印刷
2022年10月12日　初版発行

監修・編集　松村正人

装丁　渡辺光子
制作　野田努（ele-king）

発行者　水谷聡男
発行所　株式会社Pヴァイン
　　　　〒150-0031
　　　　東京都渋谷区桜丘町21-2 池田ビル2F
　　　　編集部：TEL 03-5784-1256
　　　　営業部（レコード店）：TEL 03-5784-1250
　　　　　　　　　　　　　　　　FAX 03-5784-1251

　　　　http://p-vine.jp

発売元　日販アイ・ピー・エス株式会社
　　　　〒113-0034
　　　　東京都文京区湯島1-3-4
　　　　TEL　03-5802-1859
　　　　FAX　03-5802-1891

印刷・製本　シナノ印刷株式会社

ISBN　978-4-910511-27-6